느낌의 힘

느통의
힘

심윤섭 지음

북포스

저자의 말

무엇이
소통을 가능하게 했을까?

대략 9년 전(2000년도), 모 기업의 본부장으로 있었을 때의 일이다. 당시 나는 월급도 5개월째 못 받고 있었다. 어떻게 해서든 돈을 벌어와야 나는 물론 직원들의 급여를 만들어낼 수 있었다. 그때 나는 회사의 살림살이를 전적으로 책임져야 하는 위치에 있었고 또 그만큼 책임감에 불타 있었다.

하지만 회사의 사정은 여의치가 않았다. 고정비를 아끼기 위해 시내 중심가의 번듯한 빌딩에서 신도시의 춥고 황량한 사무실로 옮겨갔다. 관리비가 반의반도 안 됐기 때문이었다. 인원은 절반 이상을 감축해 분위기는 엉망인데다 직원들이 급여를 못 받는 통에 때려치우고 나가는 경우도 속속 발생했다. 정책자금이나 투자를 받아보려고 해도 벤처지원금이 이미 말라버려 국내에서는 투자를 받기 어려운 상황이었다.

결국 나는 미국 실리콘밸리로 투자를 유치하기 위해 용감하게 떠났다. 그런데 보기 좋게 전부 퇴짜를 맞고 말았다. 나는 초라하고 볼품없이 오그라든 마음으로 퀴퀴한 냄새가 나는 산호세의 어느 모텔에서 맥주를 홀짝거리고 있었다.

그런데 바로 그때 건강하고 날씬한 모델들이 나와서 무릎을 꿇은 채 바퀴가 달린 제품을 앞으로 밀었다 다시 뒤로 갔다 하는 케이블TV 방송을 보게 되었다. 복근을 단련시키는 운동기구 광고였다. 처음엔 별 희한한 제품도 다 있구나 하고 넘겨버렸다. 그런데 좀 있다가 다른 채널을 보니 그곳에서도 같은 제품을 홍보하고 있었다. 한마디로 제품이 좀 팔리는 상황이었던 것이다. 지푸라기라도 잡으려는 심정이었던 나는 '저거라도 한국에 가지고 가서 팔아볼까?' 하는 생각이 들었다. 같이 갔던 동료도 생각 있으면 한번 해보라고 옆에서 거들었다.

즉시 미국 콜센터에 전화를 걸었다. 그러고는 그 회사의 연락처와 담당자를 알려달라고 했다. 그런데 모두 담당자를 모른다고 하는 것이었다. 그 바람에 많이 애를 먹었지만 우여곡절 끝에 판매처를 알아냈다. 그리고 담당자와 연락이 닿아 제품을 한국에서 팔아보고 싶다는 말을 전하고 한국으로 돌아왔다.

통신 관련 장비를 만드는 기업에서 난데없이 운동기구를 팔게 될 판이었다. 그러나 그때는 물불을 가릴 상황이 아니었다. 살아야 했다. 나는 생존해야 했고 수개월째 안 나오는 급여를 받아야 했다. 내 가족에게도 미안했으며 무엇보다 직원들에게 할 수 있다는 희망을 주고 싶었다.

　미국에서 샘플을 받고 판매계약을 체결한 뒤 유명 홈쇼핑에 무작정 밀고 들어가 "한번 해봅시다."라는 답을 받아냈다. 그 제품은 첫 방송에서 판매 20분 만에 400개, 두 번째 방송에서 700개를 판매하며 차츰 자리를 잡았고, 제품이 알려지면서 이곳저곳으로 판매망을 넓혀 나갔다. 원하던 대로 밀렸던 급여도 받게 됐고 영업부서가 새롭게 활기를 띠기 시작했으며 회사에 다시 생기를 불어넣을 수 있었다. 이 제품을 계기로 국내시장에서는 무릎 꿇고 하는 파란색 복근 운동기가 유례 없이 폭발적인 인기를 누렸고 여기저기서 비슷한 제품들이 봇물 터지듯 한국시장으로 밀려들어 왔다. 독자 여러분 중에도 아마 그 당시 이런 제품을 구매한 분들이 분명히 있을 것이라고 본다.

　9년 전 나는 정말 행복했다. 아주 짧은 기간이지만 내가 선택한 제품이 소비자들에게 통했고 나 스스로 할 수 있다는 믿음으로 자아와 소통했다. 무엇이 소통을 가능하게 했을까? 곰곰이 생각해보면 그것은 바로 내가 가장 잘하는 것, 능히 통할 만한 것으로 승부했기 때문이라고 본다. 당시 나는 제품을 발굴해서 평가하고 업체와 책임자를 알아내서 거래를 성사시키는 프로세스와 빠른 피드

백에 대한 나름의 노하우와 상당한 자신감이 있었다. 거기에 생존해야겠다는 절박함과 반드시 해내야겠다는 열망이 더해지면서 일을 성사시켰다.

대단히 자랑할 만한 성공은 아니지만 어찌 되었건 나는 내가 잘하는 것으로 소통을 이룬 경험을 해본 셈이다. 그러나 이것은 나만의 경험이 아니다. 누구나 자신이 잘하는 것을 토대로 열망한다면 반드시 뜻과 의지가 통하는 때가 오기 때문이다.

능히 잘하면 그것은 '능히 통할 만한 것'으로 거듭나게 되고, 결국 통하게 되어 있다. 소통의 물꼬를 트는 것은 잘하는 것에서 출발하는 것이다. 이것이 내가 이 책에서 하고 싶은 말이다. 통하는 사람, 통하는 가정, 통하는 조직을 원한다면 모두 능히 통하는 '능통의 힘'을 활용할 수 있어야 한다.

함께 이 책을 기획하고 정성껏 도와준 서정 Contents Agency와 출판사 북포스, 나를 아끼는 지인들과 내 책의 독자들, 무엇보다도 사랑하는 가족에게 감사드린다.

2009년 8월

심윤섭

프롤로그

I have a dream…….
나에게는 꿈이 있습니다…….

 연설은 중반을 넘어섰다. 킹 목사는 노예해방 100주년을 기념하는 워싱턴 평화행진에 구름 떼처럼 모여든 청중을 향해 흑인 인권의 현실과 미래를 역설하고 있었다. 간간이 손을 뻗으며 힘 있게 내뱉는 킹 목사의 리드미컬한 연설은 대중을 완전히 몰입시키고 있었다. 시선을 고정한 채 감동의 표정을 짓는 사람, 피켓을 높이 쳐들며 소리치는 사람, 고개를 숙이고 눈물짓는 사람. 그곳엔 흑인뿐만 아니라 백인도 함께했다. 마치 제2차 노예해방을 선언하듯 킹 목사는 마지막으로 "We are free at last.(마침내 우리는 자유를 얻었다)."라는 큰 외침으로 미국 역사상 가장 감동적인 연설을 마무리한다.
 이 연설을 들어본 사람이라면 비록 언어가 다르더라도 킹 목사

의 에너지와 열정을 그대로 느낄 수 있었을 것이다. 나 역시 실제로 몸이 공중에 붕 뜬 것 같은 기분과 현장의 감동을 생생하게 전달받았다. 종교와 인종을 넘어 미국 흑인 인권의 현실을 지적한 킹 목사의 연설은 청중에게 심금을 울리는 진실의 메시지가 되었고 대중과 완벽한 소통을 완성했다. 무엇이 킹 목사의 메시지를 청중의 가슴을 울리는 명연설로 만들었을까? 무엇이 수많은 사람을 운집하게 하고 귀 기울이게 했을까? 그것은 바로 '능통의 힘'이다.

  킹 목사는 자신이 가진 최고의 무기인 대중의 지지와 공감을 이끌어내는 탁월한 연설능력이라는 능통의 힘을 통해 대중과 완벽하게 소통하는 데 성공했다. '능통', 그것은 소통의 비밀이며 지금까지 우리가 주목하지 못했던 소통의 가장 쉽고 효과적인 방법의 하나다.

  만일 여러분이 능통의 힘을 발견하고, 키우고, 활용한다면 대부분은 킹 목사처럼(어쩌면 그 이상으로) 아름다운 소통을 이루어낼 수 있을 것이다. 어떤가? 정말 환상적이지 않은가?

  능통의 힘은 상대방에게 능히 통할 수 있는 것, 내가 능히 잘할 수 있는 것을 말한다. 이제 각자 자신이 능숙하게 잘할 수 있는 것, 상대방에게 능히 통할 만한 것이 무엇인지 곰곰이 생각하기 바란다. 단, 정말 잘할 수 있는 것과 잘 통하는 것을 선택해야 한다. 만약 잘하는 것이 없다고 해도 전혀 실망할 필요는 없다. 지금부터

라도 능히 통하는 방법을 이해하고 가꾸어 나가면 된다. 그리고 소통에 성공할 수 있다는 절대적인 믿음도 반드시 함께 준비하기 바란다.

본론으로 들어가기에 앞서, 독자 여러분의 이해를 돕고자 이 책의 구성과 내용에 대해 간략하게 정리해보았다.

제1장에서는 사회적 이슈가 되고 있는 소통의 모습과 현상에 대해 이야기하며 소통의 비밀에는 '능통'이 있음을 밝힌다.

제2장에서는 능통이 갖는 의미와 능통의 힘에 대해 짚어보고 능통이 소통을 가능하게 하는 메커니즘을 설명한다.

제3장에서는 소통을 위한 능통의 다섯 가지 조건 챕스(C·H·A·P·S)를 소개해 능통이 갖추어야 할 자격에 대해 살펴본다.

그리고 제4장에서는 능통의 통찰적 유형과 사례를 이야기한다. 여기서는 역사적으로 능통의 비밀을 터득했고 지금도 그 모범을 보여주고 있는 인물들을 살펴본다. 그들이 보유한 능통의 힘은 어떤 유형에 속하는지 분류해보면서 자신에게 맞는 유형을 활용해보는 것도 재미있을 것이다.

마지막으로 제5장에서 제7장까지는 자아·가정·경영의 3개 파트로 나누어 소통 부재로 인한 '불통' 현상을 적시한다. 즉 자아·가정·경영에서의 불통 현상이 만들어내는 몇 가지 문제점, 이른바 '불통의 벽wall'을 보여준다. 이어서 이런 문제점들을 능통으로 극복하는 방법을 제시한다. 즉 실용적·효과적·구체적으로 능통의 힘을 활용하는 방법, 이른바 '능통의 기술Way' 17가지를 소개하는 것이다(능통의 힘을 활용하는 기술은 'Skill'이기도 하지만 좀 더 스케일 큰 '방법론'이기도 하고 힘을 잘 전달해서 효과를 보는 '길'이기도 하므로 '방법'과 '길' 두 가지 의미를 갖는 'Way'를 썼다).

그리고 '부록'으로 소통의 이해를 돕기 위한 강의내용을 요약하며 능통의 기술 한 가지를 추가한다. 따라서 이 책에서 제시하는 능통의 기술은 총 18가지가 되는 셈이다.

이렇게 총 7장의 큰 줄거리를 토대로 이 책을 읽으면 내용이 쉽게 머릿속에 들어올 것이다. 이와 함께 독자 여러분은 핵심을 파악할 수 있을 것이다―소통에 이르는 특별한 비밀은 능히 잘하는 것, 능히 잘 통하는 방법을 의미하는 '능통의 힘'이라는 점을.

이 책에서 밝힌 능통에 대한 통찰적 견해와 방법들은 책상머리에 앉아 대충 만들어낸 것이 아니라 대기업에서 벤처기업, 사원에서 대표까지의 사회경험과 나의 혼을 버무려 빚어낸 것임을 밝혀둔다.

끝으로 이 책 속의 사진에 대해서도 말하고 싶다. 실생활에서 벌어지는 다양한 소통 부재 현상과 능통의 현장을 독자 여러분에게 글뿐 아니라 생생한 사진으로 보여주기 위해 카메라를 들고 이곳저곳으로 뛰어다녔다. 때로는 쑥스럽고 미안하거나 위험했던 상황도 여러 번 있었지만 전혀 지루한 작업이 아니었다. 비록 멋진 사진은 아니지만, 이 책에 실린 모든 사진은 나의 땀과 시간이 배어 있는 갸륵한 노력임을 꼭 헤아려주길 바란다.

| 차례 |

저자의 말 • 004
프롤로그 • 008

Part 1 소통의 비밀
뜨거운 감자, '소통' • 018
소통의 비밀은 '능통'에 있다 • 023

Part 2 능통의 힘

능통이란 무엇인가
보편성 - 본질의 무난함 속에 특별함이 있다 • 030
용이성 - 발견과 개발이 용이하다 • 033
친화력 - 조화를 통해 깊숙이 스며든다 • 036
해소력 - 막힌 곳을 뚫고 만족감을 높여준다 • 038
능통의 메커니즘 • 040

Part 3 능통의 다섯 가지 조건 '챕스(C. H. A. P. S.)'

명확Certainty –소통의 이유와 목표가 명확해야 한다 • 044

건강Healthiness –마음가짐과 의도가 진실하고 건강해야 한다 • 047

적용Application –보유하고 있는 최상의 능력을 적용해야 한다 • 050

열정Passion –감동과 존경을 이끌어낼 만큼 열정적이어야 한다 • 052

지속Sustainability –능통의 개발과 재발견의 활동을 멈추지 않아야 한다 • 056

Part 4 능통의 통찰적 유형과 사례

위대한 역사적 인물에게는 5가지 능통의 유형이 있다

연인형 –카사노바 · 제임스 딘 · 오드리 헵번 · 배용준 • 062

리더형 –이순신 · 칭기즈칸 · J. F. 케네디 • 076

전문가형 –서희 · 빌 게이츠 · 피터 드러커 · 반기문 • 090

이타형 –슈바이처 · 넬슨 만델라 · 장기려 • 106

극복형 –스티븐 호킹 · 폴 포츠 · 이희아 • 115

Part 5 능통의 자아—나와 자아는 능히 통하고 있는가

불통의 자아(벽·Wall): 자신과 소통하지 못하면 삶의 주인이 될 수 없다

집단동조 –꿈도 유행처럼 남을 따라한다 • 127

히키코모리 –포기하고 좌절하고 숨어버리기 • 131

폴리애나 현상 –행동하지 않는 낙천주의자 • 133

네마토모프 –자살, 늘어만 가는 슬픈 현실 • 136

능통의 자아(기술·Way): 능숙하게 자신과 소통하며 마음의 소리를 들어라

자신과의 대화 –영원한 내면의 교감 • 141

마인드포스트 –꿈과 목표에 대한 기준 • 148

셀프멘토링 – 내 안의 또 다른 스승 • 153

자조 – 그대 스스로를 도와라 • 157

행복선택 – 똑똑한 사람은 행복을 선택한다 • 161

Part 6 능통의 가정—가족 모두 능히 통하고 있는가

불통의 가정(벽·Wall): 가족 간에 소통이 없다면 집은 불편한 숙소일 뿐이다

가족해체 – 권리만 생각하면 결국 남남 • 168

뫼비우스의 띠 – 폭력이라는 이름의 습관 • 172

무중력교육 – 학원군·학원양의 고된 하루 • 175

능통의 가정(기술·Way): 능히 잘하는 것, 능히 통하는 것으로 상대를 행복하게 만들자

루즈윈 법칙 – 지는 것이 이기는 것 • 181

이해력 – 남자와 여자는 완전히 다른 존재다 • 186

DIY – 세 살 버릇 백 살까지 간다 • 191

토크쇼 – 개인기로 대화와 소통의 물꼬 트기 • 195

러브 보디랭귀지 – 사랑은 몸짓을 타고 전달된다 • 200

Part 7 능통의 경영—조직과 고객·구성원이 능히 통하고 있는가

불통의 경영(벽·Wall): 경영자와 구성원이 소통하지 못하는 일터는 지옥이다

원 웨이 티켓 – 일 시키고 돈 주기, 일해주고 돈 받기 • 211

트윙클 스타 – 반짝이는 별이 주는 상처 • 217

넥타이 군대 – 획일화, 그 위험한 질주 • 224

동맥경화·고혈압 – 정보와 권한의 집중 • 229

아전인수 – 개인이기주의·무임승차 • 235

칵테일 파티 – 편청은 마음의 병 • 240

능통의 경영(기술·Way): 능통의 힘으로 생존과 성장을 한꺼번에 움켜쥐어라

노 윌 노 워 －벽을 허물면 소통이 온다 • 247

딜리버리 맨 －구성원과 고객에게 신뢰 배달하기 • 252

유머와 감정의 조화 －웃음과 긍정적 감정이 소통을 불러온다 • 258

성질 죽이기 －리더는 자신의 감정을 통제할 줄 아는 사람 • 264

언어 리모델링 －일터의 언어를 바꾸면 소통이 찾아온다. • 268

기다림의 미학 －로마는 하루아침에 이루어지지 않았다 • 274

해피십 －승무원이 똘똘 뭉쳐 일하는 배 • 279

부록

'쿨라스트 C.U.L.L.A.S.T.' 이론 －쿨~한 소통의 이해 • 292

Part 1
소통의 비밀

뜨거운 감자, '소통'

최근 한국사회의 쟁점을 대변하는 대표적인 단어를 꼽자면 그것은 '소통'이다. 사람들은 소통이라는 화두 아래 울고 웃으며 때로는 분노하고 때로는 환희와 기쁨의 절정 그리고 충격과 슬픔을 느끼고 보았다. 한미 쇠고기 협상이 그랬고, WBC 야구소식이 그랬으며 유명인의 갑작스러운 죽음과 갈수록 척박한 세상의 인심이 그렇다.

그동안 누가 뭐라고 하건 나만 잘하면 된다고 믿어왔던 사람일지라도 '꼭 그렇지만은 않겠구나.' 하는 생각의 변화를 가져볼 수도 있었을 것이다. 인간이 저 혼자 태어나 홀로 살다 가는 것이 아닌 이상 어찌 다른 사람과의 소통이 중요하지 않다고 생각할 수 있겠는가? 사회적 동물이라는 인간 본연의 특성상 소통을 대수롭지 않게 생각하는 사람은 아마 한 명도 없을 것이다. 다만 소통이라는 것이 사람들과 함께 지내다 보면 자연스럽게 생겨나는 것 혹은 마음먹기에 따라 얼마든지 할 수 있는 것 정도로 가볍게 여겼다면, 이제 그 생각의 틀을 살짝 돌려 다른 각도로 접근해보는 것이 필요하다고 말하고 싶다.

소통이 그렇게 쉬운 것이었다면 이 세상은 존 레논John Lenon이 〈이매진Imagine〉에서 읊조렸던 것처럼 소유물도 싸움도 종교도 필요 없는 완전히 평화롭고 자유로운 곳이어야 한다. 그러나 우리가 살아가는 지구는 소통의 문제로 인해 바람 잘 날 없이 시끄럽다. 범위를 좁혀 좀 더 실질적으로 지금 각자가 실생활에서 느끼는 소통의 정도를 30대 직장여성의 일상을 통해 살짝 살펴보자.

월요일 아침 회의 때문에 일찍 집을 나선다. 큰 녀석은 초등학교 4학년이라 그나마 걱정이 덜한데 둘째는 매일 유치원에 내가 직접 보내야만 안심이 된다. 남편이 좀 거들어주면 좋으련만 출근시간이 나보다 늦다는 핑계로 가뭄에 콩 나듯 도와준다. 이 사람 얘기를 하면 정말 속이 답답해서 미칠 것 같다. 나도 직장생활을 하고 있어서 이해 못 하는 바는 아니지만 매일 회식에 술자리로 늦게 귀가하고 주말에는 누에고치처럼 웅크리고 잠만 잔다. 어쩌다 아이들이랑 놀러 가자고 하면 마지못해 큰 봉사라도 하는 양 "내가 저만했을 때는 이런 호강이 어디 있었어? 요즘 애들 정말 복에 겨워." 이런 소리나 해댄다. 게다가 처가에는 대충하면서 시댁 이야기만 나오면 어쩌면 그렇게 정신이 말짱해지고 행동도 부지런해지는지 미운 짓만 골라 한다.

그런데다가 시부모님들도 1주일이 멀다 하고 우리 집에 오신다. 오실 때마다 열심히 일하는 며느리 응원은 못해주실망정 애들이 못 먹어서 말랐다, 남편 건강부터 챙겨라, 집안 꼴이 이게 뭐냐, 너는 언제까지 회사 다닐 거냐, 남편 내조 잘하는 여자가 최고다 등등 머리가 터질 만한 잔소리만 늘어놓고 가신다. 게다가 요즘엔 큰 녀석이 사춘기가 왔는지 자기 멋대로 행동하고 엄마가 뭘 좀 물어보려고 하면 신경질부터 낸다.

2008년 시청 앞 촛불집회는 한국사회에 '소통'이라는 화두를 강하게 던졌다.

이렇게 단조롭고 짜증나는 일이 반복될 때마다 나는 내가 무슨 죄인이라도 된 듯한 기분이다. 가족의 행복을 위해 그리고 언제 잘릴지도 모르는 대한민국의 40대 직장인 남편을 위해 하고 싶은 일, 먹고 싶은 것 참아가며 앞만 보고 달려온 내가 한심스럽기까지 하다. 어떤 친구는 시집 잘 가서 손에 물 한 방울 안 묻히며 살고 있고 또 어떤 친구는 남편의 적극적인 후원으로 잠시 멈추었던 교사의 꿈을 이어가고 있다. 친구 이야기를 계속하자니 속에서 뭔가 뜨거운 것이 울컥 치밀어 오른다.

요즘은 정말이지 너무 우울하다. 내가 살아온 것이 과연 정답이었을까 생각해보면 가슴만 답답하고 도통 답이 나오지 않는다. 남들도 다 이렇게 살고 있을까? 과연 나는 내 인생을 제대로 살고 있는 것일까?

지금 이 직장여성이 갖고 있는 문제는 무엇일까? 요즘 세상에 이 정도 고민 안 하고 사는 사람이 어디 있느냐고 반문할 수도 있다. 그러나 대부분 대형사고가 아주 작은 문제에서 발생하듯이, 삶의 질과 인생의 의미도 아주 작은 소통의 문제로 인해 전혀 다른 결과를 가져올 수 있다.

소통의 문제를 갖고 있지 않은 사람은 거의 없다. 비록 지금 내가 어떤 사람과 원활하게 소통하고 있다 해도 언젠가는 원활한 흐름을 갖지 못할 때가 온다. 상황과 조건은 얼마든지 바뀔 수 있고 견해가 다른 사람을 만나는 것 또한 우리가 살아가는 일상이기 때문이다.

말하기 싫은 사람하고는 말하지 않으면 되고, 하기 싫은 일은 하지 않으면 되고, 거래하고 싶지 않은 곳과는 거래하지 않으면 된다. 그런데 세상이 그렇게 생각한 대로만 돌아가지는 않는다. 장사꾼이 마음에 드는 고객한테만 물건을 판다면 굶어 죽기 딱 안성맞춤이다. 고객과의 소통을 시도해 더 많은 사랑을 받을 수 있게끔

출동대기 상태의 시위진압 전경 앞에서 천진난만하게 물놀이를 하는 아이들의 모습이 사뭇 대조적이다.

하는 것이 능력 있는 장사꾼이다.

　이 세상에 살고 있는 이상 우리는 끊임없이 자기 자신·가족·고객·친구·타인 등 수많은 대상과 원하든 원치 않든 교류하고 소통해야 한다. 우리가 살아가는 데 꼭 필요한, 그러나 여전히 충분치 못한 소통은 그래서 '뜨거운 감자'다. 덥석 먹으면 입천장이 까지고 목구멍이 덴다. 겉이 식었다고 생각해서 섣불리 베어 물어도 그 속은 여전히 뜨겁다.

　이제 뜨거운 감자를 안전하고 맛있게 먹는 방법에 대해서 알아보자. 누구나 할 수 있고 성공할 수 있는 소통의 비밀은 먼 곳에 있지 않다.

소통의 비밀은 '능통'에 있다

상대와 소통하기 위해서는 마음을 열고, 편견을 버린 채 경청하는 것이 기본이다. 그런데 그것이 보통 어려운 일이 아니다. 쉽게 말해서 성격개조를 마친 후에나 가능한 일이다.

사람은 30세 이후에는 자신의 성격을 바꾸기가 쉽지 않다고 한다. 그동안 몸과 마음에 배어 있는 습관과 사고방식이 그대로 굳어져 다른 사람을 판단하거나 상황을 분석할 때 다분히 주관적으로 생각하거나 행동하게 된다. 또한 새로운 사실이나 아이디어를 받아들이는 데에도 대부분 기존의 경험을 토대로 보수적인 결론을 내리는 경향이 있어 발전보다는 안전을 택하는 성향을 띤다.

해외여행을 가면 그 나라의 명소와 유적지 등을 탐방하는 것도 중요하지만, 무엇보다 그 나라를 상징하는 대표 음식을 먹어보는 것 또한 빼놓을 수 없는 경험이다. 홍콩에 가면 딤섬, 태국에서는 뜸양꿍(해산물과 야채로 얼큰한 맛을 낸 태국 전통수프), 중국 베이징에서는 오리고기 등은 웬만하면 먹어줘야 한다. 그런데 한국만 떠나면 유난히 음식에 관한 한 애국자(?)가 되는 사람들이 있다. 첫날부터 어디 있는지도 모르는 한국음식점을 찾아 헤매고 호텔방에서 라면과 김치를 먹으면서 "바로 이 맛이야."라고 하는 사람들 말이다. 입맛 하나도 이렇게 적응하기가 쉽지 않은데 습관과 사고방식을 바꾸는 것은 얼마나 어렵겠는가?

상대와 소통하기 위해 취해야 할 행동과 노력은 정말 엄청난 인내가 필요하다. 상대의 입장에서 다시 생각해 보고 배려하는 역지사지易地思之의 습관이 몸에 배어 있지 않은 사람은 상대방이야 어떻게 되든 늘 자기중심적으로 생각하고 행동하는 아전인수我田引水의 습관이 더 편하므로 사람 사이의 관계에서는 늘 충돌과 갈등이 발생한다. 동물행동학자 리처드 도킨스Richard Dawkins는 그의 저서 《이기적 유전자》에서 인간의 생물학적 본성이 이기적이라고 말한다. 이렇게 사람마다 가지고 있는 습관과 경향 그리고 인간의 생물학적인 특성으로 인해, 마음을 열고 편견을 버린 채 경청하는 것은 원천적으로 더 어려울지도 모르겠다.

그러나 그것이 비록 어렵다고는 해도 소통을 위해서는 반드시 역지사지의 지혜를 몸에 익혀야 한다. 그리고 또 하나, '능통의 힘'을 활용한다면 소통은 좀 더 쉽게 다가올 수 있고 성공적으로 해낼 수 있다. '능통'이 소통에 있어 중요한 역할을 하는 이유가 바로 여기에 있다.

실제로 원활한 소통이 이루어지는 상황을 보면 곳곳에 '능통'이 존재한다. 처음 예로 든 킹 목사가 그의 깊이 있는 호소력으로 인해 대중과 소통했던 것처럼, 소통이 원활한 곳에는 언제나 능통이 함께한다.

혼신의 힘을 다해 열정적인 연기를 펼치는 배우는 관객에게 감동을 준다. 배우의 탁월한 연기력은 관객과 원활한 소통을 이루게 하는 수단이다. 비록 1등을 하지는 못했지만 끝까지 최선을 다한 선수가 주는 감동이 그렇고, 장애를 극복하고 긍정적인 생각과 노력으로 도전을 멈추지 않는 사람이 그렇고, 자기 자신보다 타인을 위해 희생하고 봉사하는 사람이 그렇다. 소통이 이루어지는 곳의 중심에는 능히 잘할 수 있는 소통법, 즉 능통이 소통의 핵심역할을 수행하고 있다.

아주 간단한 예를 들어보자. 음식점의 성공 요인은 여러 가지가 있다. 위치·친절도·인테리어·가격·맛 등이다. 그런데 그중 가장 중요한 요인을 뽑자면 단연 '맛'이다. 맛이 좋으면 아무리 위치가 안 좋아도 다들 알아서 찾아온다. 그리고 너도나도 사진을 찍어 블로그나 인터넷에 올리는 것이 요즘 우리네 세태다. 그러니 맛 좋기로 소문난 곳은 칭찬이 줄을 잇고 소문도 알게 모르게 퍼져서

섭씨 30도를 웃도는 뜨거운 날씨에도 한 음식점 앞에 수십 명이 줄을 서고 있다. 나도 가끔 가는 이 집은 삼계탕 맛이 일품이다. '맛'이라는 능통의 힘으로 수십 년째 고객과 소통하고 있다.

사람들이 줄을 지어 먹게 된다. '맛'이라는 능통의 힘이 음식점과 고객을 서로 소통하게 하는 것이다. 따라서 음식점을 창업하려고 한다거나 이미 하고 있는 분이라면 무엇보다 '맛'에 모든 것을 걸어야 한다. '맛' 이외에 다른 것으로 승부하려는 것은 고객과 '능히 통할 수 있는 소통(능통)'의 핵심을 놓치는 것이다.

소통의 비밀은 바로 능통에 있다. 능히 잘할 수 있고 능수능란한 재주가 있다면 그것을 100배 활용해 상대와 소통하는 것이 제대로 된 소통, 즉 능통에 성공하는 비밀이다.

자, 이제 소통의 비밀인 '능통'에 대해 좀 더 알아보도록 하자.

Part 2
능통의 힘

 능통이란 무엇인가

'능통'의 사전적 의미는 '능히 오거나 감, 아주 잘함'이다. 한마디로 정의하면 '능통'은 '아주 잘해 능히 통하는 것'을 일컫는다. 예를 들어, '영어에 능통하다.'라고 하면 이 말은 영어를 아주 잘해 능히 통한다는 뜻이다. 하나 더, '연애에 능통하다.'라고 하면 연애를 아주 잘해 능히 통한다는 말이다. 결국 상대방에게 능히 통하는 것이 있다면 소통에 훨씬 쉽게 다가갈 수 있다는 뜻이며 소통하기 위해서는 능히 잘하는 것이 효과를 발휘한다는 말이다. 식도락가에게는 맛있는 음식이 능히 통하는 수단이며, 누군가 훌륭한 요리솜씨를 발휘한다면 식도락가와 능히 소통할 수 있고 설득을 통해 원하는 바를 얻을 확률이 높다.

다들 아는 이야기를 하나 해보겠다. 1958년 17세의 어린 나이로 결승전에서 2골을 넣으며 조국 브라질의 월드컵 우승에 일익을 담당하고 나서 1962년 칠레 월드컵, 1970년 멕시코 월드컵 우승에 함께했던 축구의 황제 '펠레의 이야기이다. 그는 통산 1363경기에 출전 1281골을 넣었으며, 해트트릭(한 경기에 3골을 넣는 일)을 92회나 해낸 대선수로 축구에 있어서 거의 신god으로 불린다. 펠레가 브라질뿐만 아니라 전 세계의 사람들과 여전히 소통하고 있는 이유는 그가 능히 잘할 수 있는 '축구'라는 도구가 있었기 때문이다. 게다가 그는 기행을 일삼는 또 다른 축구영웅 '마라도나'와는 차별화되는 행보를 통해 여전히 다양한 국가의 많은 사람으로부터 존경받는 인물이며 축구계의 영향력 있는 존재이다.

나와 관련된 이야기를 하나 해보겠다. 방송반 활동에는 열정적이었지만 공부하고는 담을 쌓고 지냈던 내 고등학교 동창은 지금 대한민국에서 가장 잘나가는 MC 중 하나다. 그 친구는 걸쭉한 입담과 성대모사가 뛰어나 그 당시에도 사람들을 끌어모으는 재주가 남달랐다. 그리고 지금은 막힘없는 언변과 재치로 청중을 사로잡는 사회자이자 사업가로 활발히 활동하고 있다. 만약 그 친구가 방송반 활동을 그만두고 공부를 선택했다면, 미안한 말이지만 능통하게 해내지는 못했을 것이다. 그는 자신의 남다른 재주, 즉 뛰어난 언변과 재치라는 능통의 힘을 활용해 성공했고 그리고 여전히 대중과 소통하고 있다.

사람은 누구나 잘하는 것이 있다. 그리고 그것은 타인과의 소통을 위해서 중요한 도구가 될 수 있을 뿐만 아니라 자기 자신과의 소통에 있어서도 매우 중요한 요소가 된다. 하기 싫은 것 그리고 스스로 선택한 길이 아니라면 만족감은 작아질 수밖에 없다. 못하는 것에 미련을 갖기보다는 잘하는 것을 발견하고 그것에 집중하는 것이 자기 자신과의 소통과 더불어 타인과의 소통을 이어줄 힘이 될 것이다. 그것이 바로 능통의 힘이다.

보편성
본질의 무난함 속에 특별함이 있다

잘하는 것이 소통의 열쇠가 됨을 앞서 살펴보았다. '능통'은 원활한 소통을 가능하게 하는 원동력이다.

그런데 능통에 도대체 어떤 장점이 있기에 소통을 가능하게 하는 것일까? 혹시 능통은 대단한 재주를 가진 몇몇 특정 소수만이 할 수 있는 것은 아닐까 하는 의문을 가질 수 있다. 하지만 줄서서 먹어야 하는 음식점도 입심이 좋은 MC도 하늘이 내려준 비범한 재주를 가진 것이 아니라 그들 스스로 자신의 능력을 발견하고 개발해서 나름의 경지에 오른 것뿐이다. 쉽게 생각하면 쉽고, 어렵게 생각하면 한없이 어려울 수밖에 없다.

결론부터 말하면, 능통의 힘을 이용한 소통은 선택받은 소수만이 아니라 누구나 발견과 연습을 통해 충분히 할 수 있다. 그렇다면 도대체 능통의 힘이 어떤 특성이 있기에 누구나 원활한 소통에 이를 수 있다고 하는 것인지, 그 내용을 한번 알아보도록 하자.

우선 능통의 힘이 가진 첫 번째 특성은 바로 '보편성'이다.

보편성은 널리 두루 통하는 성질이다. 그러니까 쉽게 말해서 된장찌개나 김치와 같다고 보면 된다. 특별히 희귀하거나 보기 드문 것이 아니라 평범하고 흔해서 구하기 쉬운 그런 것이다. 보편성의 힘은 바로 여기에 있다. 수십 년 사랑을 받는 제품이나 서비스가 그렇고 예로부터 내려오는 음식이 그렇다.

1980년대 말 농산물 개방이라는 대세에 맞서기 위해 자구책으로 시작한 '신토불이' 캠페인도 좋은 사례가 된다. 하늘에서 뚝딱 떨어진 슈퍼배추·울트라콩으로 외국 농산물과 맞서 싸우겠다는 것이 아니라 이 땅에서 자라 흔하게 볼 수 있는 우리 농산물이 한국인에게 가장 좋다는 '보편성'으로 맞선 것이다. 이제 '신토불이'라는 말은 누구나 자연스럽게 사용하는 용어가 되었고 단순히 농산물을 지칭하는 것을 넘어 전통적인 것·한국적인 것을 대표하는 뜻으로 통하고 있다.

그러므로 소통하고자 하는 사람들은 무엇인가 획기적이고 새로운 것을 만들어내기 위한 힘겨운 노력보다는, 보편적이고 평범한 것으로부터 신선함을 창출할 수 있어야 한다.

사랑하는 여인에게 청혼하는 서양의 옛 방식을 한번 보자. "창문을 열어다오~." 하며 부르는 세레나데와 부름에 응답한 여인에

1905년에 설립되었다는 서울 광장시장. 105년이 지났어도 사람들의 입맛은 보편적인 것을 좋아한다.

게 반지를 건네는 방식은 매우 보편적이고 흔하다. 많은 사람 앞에 자신의 사랑을 공개하고 청혼을 의미하는 반지를 건넴으로써 상대를 감동하게 하고 동의를 얻어내고자 하는 방식은 어찌 보면 진부할 수도 있다. 그런데 아이스크림에 반지를 숨겨둔다거나 사람 많은 야구장에서 하는 공개청혼도 결국 모두 이 보편적인 방식에서 파생된 것에 불과하다.

 능통의 힘은 보편성에서 나온다. 방식의 세련됨이 아니라 마음의 특별함이 더 중요하다. 보편성은 흔하여서 가치 없는 것이 아니라 본질의 무난함 때문에 더욱 특별한 것이다.

용이성
발견과 개발이 용이하다

'용이'하다는 것은 '어렵지 않고 쉽다'는 말이다. 용이성은 능통의 힘을 발견하고 개발하고자 하는 사람들이 반드시 알아야 할 특징이다.

앞서 말한 보편성이 능통의 힘 자체가 지닌 본질적 특성이라면 용이성은 능통의 실용적 특징을 의미한다. 한마디로 소통에 필요한 재주를 어렵게 발견해서 도를 닦듯 수행해야만 한다는 것이 아니라 여러분이 잘 할 수 있는 것, 흥미를 느끼는 것에서부터 출발하면 된다는 것이다.

아무리 뛰어난 재주도 피나는 연습이 필요한 것은 사실이다. 그러나 하기 싫은 것을 참고 하는 것보다는 하고 싶은 것을 하는 편이 훨씬 낫고 좋아서 열정적으로 하는 사람은 누구도 당해내지 못한다. 그러므로 자기가 잘하는 것, 흥미를 느끼는 것에서 출발하는 것이 무엇보다 중요하며 이러한 발견과 개발의 용이성이야말로 능통의 실용적 특징을 대변한다고 할 수 있겠다.

모두가 천재로 알고 있는 아인슈타인Albert Einstein은 세 살 때까지도 말을 하지 못해 부모가 그를 저능아로 생각했으며 초등학교 때는 대부분 성적이 평균 이하였고 특히 언어 분야의 점수는 늘 낙제를 받아 스스로 중퇴까지 하게 된다. 그러나 그가 남들보다 잘하는 것이 있었는데 수학과 물리학에서는 항상 좋은 성적을 받았다. 잘못 알려진 상식으로 아인슈타인은 수학 낙제생이었다는 말도 있지만, 실상은 그렇지 않았다. 그리고 그가 대학을 입학하게 된 것도 알고 보면 수학 성적이 남달랐기 때문이다. 아인슈타인은 대학 입학시험에서는 낙방했으나 그의 수학 실력에 놀란 수학교수가 고등학교를 무사히 마치는 조건으로 그를 무시험으로 받아주기로 한다. 결국 아인슈타인의 능통한 수학 실력은 그가 활용할 수 있는 그 당시 최고의 카드였고 그로 하여금 대학입학이라는 소망을 이루게 해준 유용한 도구가 됐다. 한마디로 능히 통하는 유용한 도구로 그는 자기 자신과 소통했으며 대학의 입학담당자와 소통했으며 결국 자신의 꿈을 계속 이어나가게 된 것이다.

능통의 실용적 측면을 대변하는 용이성은 발견과 개발의 편리함을 말한다. 자신이 가장 잘하는 것, 재미있게 몰입하며 할 수 있는 것을 발견하고 그것을 개발한다면 충분히 소통의 도구로 활용할 수 있다. 누구든 잘하는 것이 있게 마련이다. 소통을 가능하게 하는 재주는 먼 곳에 있는 것이 아니라 가까운 곳에 있다. 그만큼 발견과 개발이 용이하다. 용이성, 이것은 능통이 갖는 또 다른 힘이다.

친화력
조화를 통해 깊숙이 스며든다

능통의 힘이 갖는 특별한 매력 중 하나는 친화력이다. 친화력은 주변 환경과 조화를 이루어 잘 어울리는 성격이다. 그러니까 쉽게 친해져서 조화를 이루고 서로 통하게 하는 능력을 말한다.

만약 어떤 사람이 글은 잘 쓰지만 언변은 신통치 않다면 이 사람은 글로써 소통하는 편이 훨씬 유리하다. 왜냐하면 잘 쓰인 글이 서투른 말솜씨보다 훨씬 강한 친화력을 갖고 사람들에게 속속 스며들기 때문이다. 어쨌든 소통하고자 하는 사람은 자신이 능히 잘하는 것을 활용함으로써 높은 친화력을 기대할 수 있다. 또한 상대방의 입장에서는 혐오스럽고 비정상적인 행위가 아니라면 보기에도 자연스럽고 능수능란하게 잘하는 모습이 훨씬 거부감이 적을 수밖에 없다. 결론부터 내리자면 능숙한 모습과 행동은 높은 친화력을

한 연극단원이 능숙한 언변과 뛰어난 친화력으로 길거리에서 관객들과 소통하고 있다.

가지며 사람들에게 큰 거부감 없이 쉽게 받아들여진다는 것이다.

얼마 전 대학로에 일이 있어 가게 되었다. 그곳에서 나는 우연히 한 연극단원이 사람들 앞에 나와 유머를 풀어놓는 모습을 보게 되었는데 어찌나 입담이 좋고 익살스러운지 주변의 사람들이 순식간에 모여들었다. 이렇게 모여든 청중들 앞에서 한 시간가량 즉흥 공연을 하면서 불우이웃을 돕기 위한 자선금을 받고 있었다. 사람들의 호응은 좋았고 모금도 수월하게 진행됐다. 능통의 힘 중 친화력이 발휘되는 순간이었다.

누구든 능수능란한 재주를 잘만 활용하면 친화력을 통해 사람들과 자연스럽게 어울리며 소통할 수 있다. 친화력, 이것은 능통이 갖는 또 다른 힘이다.

해소력
막힌 곳을 뚫고 만족감을 높여준다

 1980년대 중반까지만 해도 흰옷 빨래나 속옷은 대부분 락스라는 표백제에 담가서 세탁을 했다. 그런데 락스는 흰옷에밖에 사용할 수가 없다. 색깔 있는 옷에 사용하면 탈색이 되기 때문이다. 게다가 특유의 냄새는 전혀 향긋한 것이 되지 못했다.
 그때까지 주부들이 갖는 오래된 고민 중 하나는 냄새가 역하지 않으면서 흰옷의 표백과 오래된 색깔 옷을 선명하게 해주는 세제가 없다는 것이었다. 이때 등장한 것이 우리가 잘 아는 산소계표백제다. 이 제품은 나오자마자 빠른 속도로 주부들 사이에 소문이 퍼지면서 급속도로 시장을 넓혀나갔다. 그리고 이제는 '빨래'하면 빠질 수 없는 상품이 되어버렸다. 주부들의 입장에서는 답답하고 막혔던 부분이 일순간 해소된 것이다.

산소계표백제가 소비자에게 능히 통할 수 있었던 것은 바로 문제를 풀어주고 해결해주는 '해소력'을 지니고 있었기 때문이다. 이 제품을 개발한 기업은 화학분야에서 갈고 닦은 능숙한 제조기술과 노하우를 바탕으로 소비자들의 오래된 불만을 해소할 수 있는 제품을 개발한 것이다. 이것이 능통이 갖는 또 다른 힘, 바로 '해소력'이다.

능통한 재주와 기술은 문제를 만났을 때 더욱 힘을 발휘하게 되어 있다. 그래서 그 문제를 해결하고 풀어냈을 때 가치가 더욱 높아진다. 막힌 곳을 뚫어주고 만족감을 높여주는 해소력 역시 능통이 갖는 소중한 힘 중 하나다.

능통의 메커니즘

현대의학이 눈부신 발전을 이룬 지금도 우리나라에서 100살을 넘게 장수하는 사람은 총 961명으로 전체인구의 0.002%에 불과하다고 한다. 학자에 따라 견해는 조금씩 다르지만 장수에 관한 공통된 의견 중 하나는 건강한 장腸이다. 불가리아와 터키에 100세 이상의 고령자가 대표적인 장수국가인 일본보다 많은 것도 그들이 전통적으로 장 건강에 좋은 유산균을 수시로 섭취하고 있기 때문이라고 한다. 건강한 장은 운동력이 높고 소화 흡수율이 좋다. 능통의 역할 또한 건강한 장과 유사하다고 하겠다. 특히 소통의 연동운동에 활력을 불어넣고 막히고 정체된 곳을 높은 운동력으로 해결해줌으로써 소통의 흐름을 원활하게 하고 지속적인 소통의 순환이 가능하게 하는 효과적인 역할을 수행한다고 하겠다.

아래의 그림은 능통의 힘이 어떻게 소통을 원활하게 하는지에 대한 메커니즘을 설명한 것이다. 능통의 힘은 소통의 과정 중에 발생하는 정체·위기·상처 등에 작용해 소통의 물꼬를 터주는 역할을 한다.

서거한 지 40여 년이 지난 지금도 영국 국민이 생각하는 가장 위대한 영국인은 제2차 세계대전을 연합군의 승리로 이끄는 데 공헌했고 전쟁으로 실의에 빠진 국민에게 희망과 용기를 준 윈스턴 처칠Winston Leonard Spencer Churchill이다. 그는 불굴의 의지와 인내 그리고 유머감각을 갖춘 리더였다.

특히 처칠은 국민에게 용기와 자신감을 불어넣는 데 탁월한 재주가 있었다. 1940년 총리로 취임하면서 처칠은 위기에 빠진 국가를 구하기 위해 국민에게 "나는 피·수고·눈물 그리고 땀밖에 드

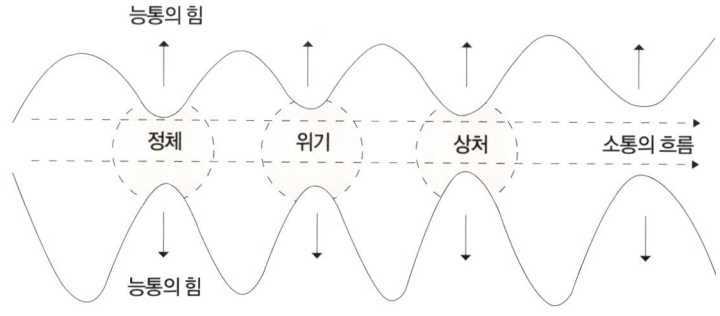

능통의 메커니즘 도표

릴 것이 없습니다."라고 말하며 국가를 위한 국민의 헌신과 노력을 당부했다. 이 말은 곧 국민의 가슴을 울리며 소통했고 국가를 위해 국민이 일치단결하는 계기가 되었다. 윈스턴 처칠의 능통함이 위기·정체·상처 속에서 머뭇거리던 영국을 구해낸 것이다. 이것이 능통의 메커니즘이다.

능통의 다섯 가지 조건
'챕스(C.H.A.P.S.)'

Part 3

명확 Certainty
소통의 이유와 목표가 명확해야 한다

능수능란한 '능통'의 재주를 가졌다고 해서 모두 소통에 성공하는 것은 아니다. 손재주에 능한 사람은 마술사가 될 수도 있지만 소매치기가 될 수도 있다.

능통의 힘을 이용해 소통에 성공하기 위해서는 능통이 갖추어야 할 몇 가지 조건들이 있다. 그것은 능통 하나만의 힘으로는 될 수 없으며 소통하고자 하는 명확한 이유 · 건강한 의도 · 최상의 능력 · 열정 · 지속적인 노력과 어우러질 때 비로소 가능해진다. 이 조건들을 줄여 나는 챕스(C. H. A. P. S.)라고 부른다.

영어로 챕스 Chaps 는 친한 친구나 동료 사이에 사용하는 표현으로 "Hey, chaps!"라고 하면 "이봐, 친구!"라는 의미다. 상대와 소통하면 친구가 될 수 있고, 친구가 되면 소통할 수 있다는 점에서 챕스(C. H. A. P. S.)라는 표현이 우연히 잘 통하는 것 같다.

그럼 소통을 부르는 능통의 다섯 가지 조건(C. H. A. P. S.)을 살펴보기로 하자.

우선 첫 번째 조건! 소통하기 위해서는 그 이유와 목표가 명확해야 한다. 아무리 뛰어난 궁사도 표적이 없으면 그 뛰어남을 알 길이 없다. 이유와 목표가 명확할 때 능통의 힘이 제대로 통할 수 있다. '그냥 소통하는 것이 좋아서, 소통하면 마음이 편하기 때문이다.'라고 한다면 동기는 순수할지 모르나 목표가 불분명하고 추상적이기 때문에 그만큼 소통에 이르기 어려워진다.

예를 하나 들어보자. 세계경제와 질서를 바라보는 새로운 패러다임이 속속 등장하고는 있지만 미국은 여전히 초강대국이다. 그런데 그 미국이 패한 유일한 전쟁이 바로 베트남전이다. 미국 정부는 국민과의 소통에 실패해 베트남 전쟁의 명분을 더는 유지할 수 없었으며 무엇보다 종전협상은 완전한 패배라고 할 수 있다. 그래서 많은 사람은 미국의 베트남전을 두 번 패한 전쟁이라고 한다. 전쟁 과정에서 한 번 패하고 종전협상에서 또 졌다는 말이다. 도대체 종전협상에서 무슨 일이 일어났기에 두 번 패했다는 말까지 할까?

양측 대표단이 프랑스 파리에서 종전협상을 시작할 때 미국은 가급적 빨리 끝내겠다는 막연한 목표를 설정했다. 그래서 1주일

단위로 시내의 호텔을 연장해가며 협상에 임했다. 스스로 조급하게 협상에 임하며 단기간에 끝내려고 한 것이다. 그러나 이와는 반대로 베트남은 일반 주택을 장기 임대했다. 그리고 느긋하게 2년여의 시간을 거쳐 유리하게 협상을 종결했다. 심리적으로나 전술적으로 미국보다 한 수 위였던 것이다.

 협상의 가장 명확한 목표는 무엇일까? 바로 자기 측에 유리한 결과를 얻어내기 위해 상대방과 합의를 이루는 것이다. 이것이 가장 기본적이면서도 명확한 목적이 되어야 한다. 그러나 미국은 그렇게 하지 못했다. 가급적 협상을 빨리 끝내는 것은 근본적인 목표가 되기에는 명확하지 않았다. 이유와 목표가 명확하지 못했기 때문에 적절한 전략을 세우지 못했고 그래서 미국이라는 초강대국의 힘과 지위를 제대로 활용할 수 없었다. 능통의 힘이 적절하게 발휘되려면 소통의 이유와 목표를 명확하게 정의할 수 있어야 한다.

건강 Healthiness
마음가짐과 의도가 진실하고 건강해야 한다

공자는 '삼인행 필유아사언 三人行 必有我師焉'이라고 했다. 세 사람이 길을 가면 반드시 내 스승이 될 만한 사람이 있으니 좋은 점은 배우고 좋지 않은 점에서는 나를 바로잡을 수 있다는 의미다.

모름지기 배움의 자세는 겸손한 마음가짐과 진실한 의도가 밑바탕에 있어야 한다. 누구로부터든 배울 것이 있다는 겸손함과 스스로 몸을 낮추고 귀 기울여 듣고자 하는 노력 그리고 나를 바로잡고 스스로 점검하고자 하는 자성 自省이 있을 때 나도 배울 수 있고 상대도 더 가르쳐주고 싶은 것이다. 건강한 마음이 나와 상대를 소통하게 하고 배움에 몰입할 수 있도록 해주기 때문이다.

'저 사람에게서 내가 배울 것이 뭐가 있겠어? 내가 저 사람 위에 올라설 때까지만 참고 배워보자.' 이런 마음과 의도라면 무엇인가

한 시민이 정부기관 앞에서 약속이행을 요구하며 1인 시위를 하고 있다.

를 제대로 배울 수 없게 된다. 왜냐하면 나의 마음과 의도가 자연스럽게 상대방에게 전달되어 상대도 마음을 닫게 되고 결국 소통할 수 없게 되기 때문이다.

마음가짐과 의도가 진실하고 건강해야 능통의 힘이 발휘되고 진심으로 상대와 통할 수 있다. 겉보기에 화려한 재주나 명성만을 이용해 상대와 소통하려고 한다면 그것은 기교를 바탕으로 한 속임수에 불과할 뿐, 능통의 힘을 바탕삼은 진실한 소통이라고 말할 수는 없다.

그런 점에서 일본의 '유키지루시' 사례는 좋은 교훈이 된다. 이 회사는 1925년 창업한 유키지루시유업을 모체로 식품 등 100여 개의 계열사를 포함하고 있던 일본의 대표적인 식품 대기업이었다. 특히 회사를 상징하는 눈雪 상표는 깨끗함과 건강의 이미지로 국민에게 인식되었다. 그러나 유키지루시는 2000년 약 1만 4000명의 소비자가 이 회사의 우유를 먹고 식중독에 걸리는 초유의 사건을 저지르고도 회수를 지연해 물의를 일으켰고, 2001년에는 수입 쇠고기를 고가의 일본산 쇠고기로 원산지를 속여 판매해온 것이 적발되어 곧바로 파산하게 된다. 진실한 마음을 바탕으로 소비자와 소통하려 하지 않고 그들이 그동안 쌓아온 명성과 이미지에 의존해 적당히 소통하는 척했던 것이다. 소비자의 믿음에 대한 보답치고는 너무나 어처구니없는 유키지루시의 행태는 결국 소비자와의 소통을 완전히 차단했으며 자멸하는 길에 이르게 된 것이다.

소통을 원한다면 그 마음가짐과 의도가 건강해야 한다. 소통은 진실한 마음을 바탕에 두고 능통의 힘을 활용할 때 가능해진다.

적용 Application
보유하고 있는 최상의 능력을 적용해야 한다

소통의 이유가 명확하고 건강한 의도를 가지고 있다면 이제 능통의 힘이 최대의 효과를 낼 수 있도록 적용해야 한다. 그런데 적당히 잘하는 것, 그럭저럭 봐줄 만한 재주를 적용해서는 곤란하다. 자장면 한 그릇을 사먹더라도 대충 먹을 만한 가게보다는 푸짐하고 맛좋은 집을 선호하는 원리와 똑같다. 또 수십 가지 요리를 잘해서 유명해진 식당보다는 한두 가지 요리에 정통해서 명성을 얻은 식당이 더 많은 것과 같은 원리다. 보유하고 있는 최상의 능력을 적용할 때 상대와 통할 수 있고 능통의 힘이 제대로 발휘되는 것이다.

그러므로 잘한다고, 능히 할 수 있다고 해서 모두 통하는 것은 아니다. 최상의 것이어야만 그 힘이 분산되지 않고 효과적으로 전달될 수 있기 때문이다.

경영학의 흐름에서도 적용application과 관련이 있는 중요한 이론이 있다. 게리 해멀Garry Hamel과 프라할라드C. K. Prahalad에 의해 발표된 '핵심역량Core competence'이 그것이다. 핵심역량은 경쟁우위를 가져다주는 기업 고유의 능력으로, 기업의 성공 원인과 미래의 성공가능성을 내부역량에서 찾고 계발하는 것을 배경으로 한다. 한 마디로 가장 잘하는 최상의 능력을 기업이 제대로 활용할 때 그것이 기업의 성공과 발전을 가져온다는 의미다.

델컴퓨터를 한번 보자. 마이클 델Michael Dell이 1984년 설립할 때만 해도 그저 흔한 컴퓨터회사에 불과했다. 사업을 시작한 지 10년이 지난 1994년에도 미국 내 시장점유율은 3%에 불과했다. 그러나 델은 그들이 잘할 수 있는 최상의 능력, 즉 직접 판매와 혁신적인 온라인 주문 및 발주 시스템을 통해 소비자에게 더 좋은 제품을 더 낮은 가격에 제공하는 일에 집중했고 2004년에는 세계 PC 판매 1위의 자리에 등극했다.

만약 그들이 경쟁사들이 이미 보유하고 있는 역량을 자신들만의 강점으로 오해했거나 자신들의 강점이 무엇인지조차 파악하지 못했다면 델컴퓨터는 역사 속으로 사라졌을 것이다. 그들은 보유하고 있는 최상의 능력을 고객과의 소통에 집중했고 결국 성공으로 이어갔다. 능통의 힘이 효과적으로 통하기 위해서는 최상의 능력을 필요한 곳에 적용할 때 가능하다.

열정 Passion
감동과 존경을 이끌어낼 만큼 열정적이어야 한다

가수 정지훈 씨(예명 '비')는 사업가 박진영 씨를 보는 처음 본 순간 꼭 함께해야 할 사람이라는 것을 직감했다고 한다. 그리고 첫 오디션에서 무려 5시간 동안 쉬지 않고 춤을 추는 열정으로 둘은 인연을 맺게 된다. 뛰어난 춤 솜씨도 중요하지만, 가수 '비'가 보여줬던 열정이 상대방에게 감동을 주고 결국 소통하게 한 것이다. 지금은 월드스타로 새로운 도전을 하고 있지만 만약 처음 그런 열정과 능통의 힘이 없었다면 오늘 우리는 '비'라는 가수를 만나지 못했을 것이다.

감동과 관련해서 왠지 빼놓기에 섭섭한 이야기가 있다. 타이레놀로 유명한 존슨앤존슨의 사례이다. 1982년 미국 시카고에서 어떤 정신병자가 타이레놀에 독극물을 투입하여 8명이 사망하는 초

열정적인 외줄타기 공연에 관객들이 넋을 놓고 보고 있다. 열정은 소통을 부른다.

유의 사태가 발생한다.

사건이 발생되자 존슨앤 존슨은 신속히 언론에 제조과정을 공개하고, 복용금지를 알리는 신문 광고를 일제히 게재하였다. 또한, 자신들의 제조실수나 원료의 문제가 아닌 특정 지역에서 발생한 정신병자의 소행이었음에도 불구하고 시카고 뿐 만 아니라 미국 전역의 타이레놀 제품 3천 1백만 병을 매우 신속하게 수거하여 폐기하였는데 그것은 무려 총 2억 4천 달러의 손해를 감수하는 조치였다. 게다가 그 후 회사는 실패의 위험 부담이 컸지만 3중으로 포장된 타이레놀을 재 출시하였으며 이러한 책임지는 기업의 모습은 고객감동과 기업에 대한 신뢰로 이어져 단기간에 시장상황을 회복하는데 성공했다. 이러한 일련의 조치는 존슨앤 존슨을 경쟁사와 차별화 시켰으며 기업의 이미지를 크게 격상시키는데 일조했다.

고객서비스를 최고의 가치로 여긴다고 말하는 기업은 얼마든지 있다. 그러나 그것을 감동으로 연결할 만큼 열정적인 기업은 극소수에 불과하다. 기업은 고객과 소통, 아니 능통하지 못하면 생존할 수 없다. 평소에 능히 잘하는 것이라 하더라도 그것이 감동과 존경을 이끌어낼 만큼 열정적이지 못하다면 기본적인 소통에도 실패할 뿐 아니라 능통하다는 평가를 받을 수 없다.

나는 과거 휴대폰 통화를 차단하는 '통화차단기'를 중동국가에 수출하기 위해 인생을 건 적이 있었다. 직장생활을 하면서 그렇게까지 몰입하고 열정을 쏟은 적은 아마 없었던 것 같다.

대략 10여 년 전 이야기인데, 당시에는 전파환경이 좋지 않아 지금처럼 곳곳에서 휴대폰이 잘 터지는 시기가 아니었다. 게다가 중동국가는 더 열악해서 당연히 휴대폰 통화가 되어야 할 곳에서도 안 되는 형국이었다. 그런데 휴대폰 통화를 도와주는 것도 아니고 방해하는 제품을 판다니, 누가 들으면 정신 나간 소리 같았을 것이다.

그러나 나는 중동국가의 종교와 문화를 연결하면 반드시 판로가 개척될 것이라고 굳게 믿었다. 아니, 믿고 싶었다. 중동의 수많은 이슬람 사원이 나에게는 전부 거대한 시장으로 보였고 의심하고 싶지 않았다. 그렇게 한동안 고생하며 어렵게 바이어를 찾아냈다. 그리고 제품의 잠재성과 시장성을 알리기 위해 많은 정성과 열정을 쏟아부었다. 바이어가 궁금해하는 것은 밤을 새워서라도 상세히 답변해주고 자료를 만들어주었다. 회사와 집에 구분이 없었고 일에 완전히 미쳐 있었다.

그러다 중동의 알자지라Alzazeera를 통해 제품을 소개했다. 기도하는 중에 휴대폰이 울리는 것은 신앙인으로서의 예의에 어긋나는 행위라는 분위기를 자연스럽게 조성할 수 있었다. 그리고 결국 수출이 시작됐다. 몇백만 원으로 시작하던 매출이 곧이어 억 단위로 늘어났다. 나중에는 거래처 쪽으로부터 고맙다는 소리까지 들었다. 자신의 요구에 항상 정성스럽고 신속하게 대응해준 덕에 바이어마저도 반신반의했던 사업을 성공적으로 펼칠 수 있었다고 말이다.

고객과 소통하기 위해서는 감동을 이끌어낼 만큼 열정적이어야 한다. 능수능란한 기술만으로는 상대를 감동시킬 수 없다. 능통의 힘이 소통에 이르기 위해서는 상대를 감동시킬 만큼 열정적이어야 한다.

지속 Sustainability
능통의 개발과 재발견의 활동을 멈추지 않아야 한다

토끼와 거북이의 경주가 우리에게 주는 교훈은 무엇일까? 자신의 재능을 자만하는 자보다는 실력을 키워나가며 노력하는 자가 결국에는 승리한다는 것이다. 토끼는 시합에 당연히 이길 것이라는 생각으로 경기에 임했지만, 거북이는 최선을 다해 완주하겠다는 마음으로 경기에 임했다. 그리고 결과는 노력하는 거북이의 승리로 돌아간다. 아니, 자만하는 자의 패배로 돌아갔다는 것이 더 옳은 표현일 것이다.

능통의 힘도 마찬가지다. 지금 내가 좀 잘하는 재주가 있다고 해도 자만하고 안주하는 순간 서서히 먹혀들지 않는 흔한 기교로 전락한다. 반대로 지금 눈에 띄게 잘하는 것은 아니지만, 그것을 갈고 닦는 정도에 따라 얼마든지 괄목할 만한 능력으로 향상시킬 수도 있다. 지금 통하는 것이 언젠가 안 통할 수도 있고, 지금 안 통한다고 해서 결코 실망할 일은 아니라는 말이다. 그런 점에서 능통의 개발과 재발견의 노력은 소통을 위해 멈추어서는 안 될 중요한 활동이다.

지속적인 노력의 예를 한번 들어보자. '음악의 어머니'라 불리는 헨델은 40세 이후가 되어서야 세상이 주목하는 대작들을 내놓기 시작했다. 우리가 알고 있는 〈메시아〉·〈알렉산더의 향연〉·〈수상음악〉·〈왕궁의 불꽃놀이〉 등은 모두 40세를 넘어선 나이에 들어서야 그가 발표한 작품들이다. 이탈리아 오페라 작곡가로 활약한 그는 왕립 음악아카데미를 설립했으나 43세 때 극장이 폐쇄되는 아픔을 겪었고 수년 후 다시 재건했으나 또다시 문을 닫게 된다. 이쯤에서 포기할 만도 했지만 그는 또다시 극장을 세운다. 하지만 이번에는 건강문제와 그로 인한 경영악화 때문에 더는 운영할 수 없게 된다. 이때가 헨델의 나이 52세였다.

그러나 헨델은 그 와중에도 자신의 능력을 개발하고 재발견하는 일을 쉬지 않았고 창작활동을 멈추지 않는다. 우리가 기억하는 대작들 대부분은 헨델이 극장 설립과 폐쇄를 반복하는 어려운 시기에 만들어진 것들이다. 이후 헨델은 66세에 시력을 잃었으나 지휘활동과 작품활동을 멈추지 않았고 오늘날 우리에게 음악의 어머니로 영원히 남게 되었다.

헨델은 능통의 힘을 스스로 발견하고 끊임없이 개발한 전형적

지켜보는 내내 연습에 몰두했던 청년. 누구나 지속적인 노력을 기울이면 능통할 수 있다.

인 인물이다. 음악을 공부하다 부모님의 뜻에 따라 다시 법률을 공부했지만, 그는 음악에 대한 자신의 능통함을 재발견하고 발전시키는 노력을 멈추지 않았다. 그리고 자신의 음악을 통해 300년을 넘게 인류와 소통하고 있다.

능통의 힘이 소통에 이르기 위해서는 개발과 재발견의 활동을 멈추어서는 안 된다. 흐르는 물은 바위를 깎고 강줄기를 이루지만 고인 물은 반드시 썩고 만다.

Part 4
능통의 통찰적 유형과 사례

 위대한 역사적 인물에게는 5가지
능통의 유형이 있다

앞서 우리는 능통의 힘이 소통으로 연결되기 위해서는 다섯 가지 조건 '챕스C.H.A.P.S'가 필요하다는 것을 이해했다. 그렇다면 이제는 능통의 힘으로 소통에 성공한 실제 사례를 통해 좀 더 깊이 접근 해보는 것이 바람직하겠다.

소통의 핵심은 '공감共感'이다. 내가 원하는 대상과 마음의 공감대를 형성하는 것이 소통의 중심core이다. 그 대상은 연인이 될 수도 있고, 대중이 될 수도 있고, 가족·고객·국가·적이 될 수도 있다. 누구든 통하고자 하는 열망으로 공감을 만들어낸다면 소통하게 되는 것이다. 그런 점에서 이제부터 말할 능통의 통찰적 유형은 재미있는 경험이 될 것이다.

나는 사람들에게 기억되고 있는 역사적 인물들로부터 그들이 공통으로 보유하고 있는 가장 두드러진 장점을 하나씩 발견했다. 그것은 그들이 단순히 운이 좋았다거나 실제보다 과장되게 부풀려진 것이 아니라 각자 능통의 힘을 적절하게 활용해 많은 사람과 공감하는 데 성공했다는 사실이다. 그들이 의도했건 그렇지 않았건 간에 능통의 힘은 충분한 효과를 발휘했고 그것이 번져나가 더 많은 사람의 공감을 이끌어냈다. 그리고 한 사람 한 사람을 강력한 브랜드personal brand로 만들어놓았다.

여러분은 '박태환'이라는 이름 석 자를 들으면 무엇이 떠오르는가? 멋지게 물살을 가르며 대한민국 수영 역사를 새롭게 쓰고 있는 이 젊은 친구는 정말 대단하다. 자기 분야에서 새로운 기록을 만들며 한국을 넘어 이미 세계적인 선수로 자리 잡은 박태환 선수. 그는 귀엽게 생긴 외모 · 수줍음 많은 성격 · 늘씬한 키에 멋진 복근 · 광고계의 샛별 등 다양한 수식어로 포장할 수 있지만 가장 핵심 하나를 뽑자면 바로 그가 보유한 수영에 대한 탁월한 능력, 최고의 실력이다. 즉 수영에서는 최고의 전문가다. 박태환 선수는 수영이라는 분야에서 전문성을 토대로 대중과 능히 소통하게 됐으며 지금은 기록 단축을 위해 자기 자신과 끊임없이 소통하고 있을 것이다.

박태환 선수가 보유한 능통의 힘이 어떤 유형인지 분석해보면 '전문가형Expert type'이라고 부를 수 있다. 가장 핵심이 되는 능력, 그것이 무엇인가에 따라 능통의 힘은 연인형Lover type · 리더형Leader type · 전문가형Expert type · 이타형Altruist type · 극복형Overcomer type의 5가지 유형으로 나뉜다.

지금부터 능통의 힘이 어떻게 공감을 만들어가며 소통하는지 다섯 가지의 통찰적 유형을 살펴보도록 하자. 또한 지금 소개되는 다섯 가지 유형을 통해 소통을 부르는 능통한 방법에는 어떤 것이 있으며, 여러분 각자에게 잠재된 능통의 힘과 개발해야 할 능통의 힘은 과연 어떤 것인지 스스로 점검해보는 계기가 되었으면 좋겠다.

연인형 Lover type
카사노바 · 제임스 딘 · 오드리 헵번 · 배용준

멋진 사람에게 끌리는 것은 모든 남녀의 공통된 사항이자, 인간의 본능이다. 그런데 이렇게 사람들로 하여금 쉽게 끌리게 하는 남다른 능력을 갖춘 사람들이 있다. 그들은 뛰어난 매력fascination이 있기 때문에, 상대의 마음을 쉽게 열게 하고 더 가까워지고 싶은 대상이 된다. 그들의 매력에는 꼭 이성뿐만이 아니라 남녀노소 누구나 좋아하게 만드는 특별함이 있다. 그런 사람들은 뛰어난 외모 · 능숙한 언변 · 차별화된 능력 · 독특한 매력을 한데 어우러지게 해서 타인과 소통하고 나아가 능통한다.

너무 사랑스럽고 매력적이어서 마음을 다 놓아버리게 하는 연인lover형의 인물들. 그들은 자기만의 독특한 매력을 통해 만인의 연인 혹은 시대의 아이콘으로 사람들과 소통했다. 이제 그 매력 덩어리들을 한번 살펴보자.

지성의 힘과 외모로 수많은 여인과 소통한 똑똑한 바람둥이

카사노바Giovanni Giacomo Casanova(1725~1798)는 이탈리아 베네치아에서 배우의 아들로 태어나 17세에 파도보 대학에서 민법과 교회법으로 법학박사학위를 받았으며 비밀 외교관·종교 철학자·바이올리니스트·프리메이슨 비밀결사 단원 등 다양한 방면에 유능함을 갖춘 보기 드문 인물이었다. 수십 년 동안 유럽 전역을 끊임없이 여행하며 18세기 유럽 사회의 정치·문화를 그대로 체험한 그는 말년에 보헤미아의 둑스 섬에서 사서직으로 있으면서 눈을 감을 때까지 소설·희곡·번역서 등 총 40여 편의 문학작품을 남겼으며 방대한 분량(총 12권)의 자서전을 완성했다. 특히 이 자서전《회상록Histoire de ma vie》은 18세기 유럽의 문화와 풍습을 생생하고 담고 있는 귀중한 자료로 평가받고 있다. 그런데 이렇게 다양한 이력과 지적 수준을 갖춘 인물은 다름 아닌 우리가 희대의 바람둥이·색마의 대명사로 알고 있는 카사노바이다.

사실 우리가 기억하는 카사노바는 연령과 신분이 다른 수많은 여자를 유혹해서 육체적인 관계를 맺은 천하의 호색한이자 유랑생활을 즐기는 한량이며 사기꾼이다. 맞는 말이다. 그가 유랑생활을 할 수밖에 없었던 것도 그가 뿌리고 다니는 염문·사기행각·범법행위 때문이었다. 하지만 카사노바는 가는 곳마다 여인들과 쉽게 소통할 수 있었다. 그것은 그가 지닌 남다른 박식함 그리고 여성을 유혹하기에 충분한 기술과 외모를 가꾸는 데 온 힘을 기울였기 때문이다. 실제로 카사노바는 스태미나를 증진시키기 위해 '굴oyster'을 즐겨 먹었다고도 한다. 그리고 항상 외모를 가꾸고 건강한 상태를 유지하며 패션에도 신경을 많이 썼다고 한다. 그는 자신이 목표로 삼은 여인에 대해서는 끊임없이 연구하고 쉬지 않고 기회를 엿보았으며 기회가 왔을 때 자신의 내적인 매력과 외모를 더해 확률 높은 게임을 시작했다. 카사노바는 자신이 무엇을 잘하는지 충분히 잘 알고 있었다. 어떤 지위의 사람과 이야기해도 주눅이 들지 않을 만한 지적능력 그리고 뛰어난 언변, 한눈에 보기에도 매우 잘생긴 외모, 세련된 스타일 등은 당대 많은 여성의 가슴을 두근거리게 하고 몇 번의 만남만으로도 쉽게 깊은 관계로 이어지게 하는 원동력이었다. 그는 지성의 힘과 외모라는 능통함으로 수많은 여인과 소통했다. 그들을 애인으로 후원자로 그리고 사랑의 노예로 만들어버렸다. 좋게 말하면 자유연애가였고 나쁘게 말하면 섹스중독자였다. 그러나 능통의 힘을 활용한 카사노바의 소통기술은 최고였으며 18세기 유럽 여인들의 대표적인 연인이었다.

카사노바는 전형적인 연인형lover type 인물이다. 그는 자신이 가진 능통함이 무엇인지도 모른 채 살다간 사람이 아니었다. 그는 자신의 능통한 재주, 이를테면 해박한 상식·뛰어난 언변·준수한 외모·분석력과 기회포착 능력·대담성을 이미 250년 전에 충분히 이해했으며 활용했다. 자신의 매력이 무엇인지 누구보다 잘 알았고, 그 능력을 향상시키고 재개발했으며 적재적소에 훌륭하게 적용했다. 그는 자신만의 매력으로 세상의 여인들과 소통했으며 희대의 바람둥이이자 다재다능한 자유인으로 우리의 기억 속에 살아 있다.

완벽한 연기와 반항의 아이콘 그리고 영원한 젊은이

제임스 딘 James Byron Dean (1931. 2. 08~1955. 9. 30)은 언제 봐도 슬픔이 감추어져 있는 얼굴, 반항이라는 아이콘을 만든 남자. 24년의 짧은 인생만큼 강렬하고 인상 깊은 배우로서 삶을 살다간 20세기 후반의 할리우드 배우이자 시대의 연인이다. 1931년에 태어나 1955년 은색 포르쉐 550 스파이더와 함께 교통사고로 생을 마감할 때까지 그가 사람들과 지낸 시간은 짧았지만, 그가 남기고 간 것은 많았다.

제임스 딘은 세상에 알려진 인기만큼 많은 영화를 찍지는 못했다. 그의 생이 너무 짧았기 때문인데 그는 단 3편의 영화만을 남기고 세상과 이별한다. 첫 번째 작품은 〈이유 없는 반항〉이었고 두 번째와 세 번째는 〈에덴의 동쪽〉과 〈자이언트〉다. 그런데 그가 살아 있는 동안 개봉된 영화는 〈이유 없는 반항〉뿐이었고 나머지 두 편은 모두 사후에 개봉되었다.

제임스 딘은 독특하면서도 내면에서 뿜어져 나오는 질풍노도의 연기력이 일품이었다. 그의 연기력이 얼마나 훌륭했는지는 그가 출연한 첫 번째 작품 〈이유 없는 반항〉으로 그가 단번에 아카데미 남우주연상 후보로 선정됐다는 것만 보아도 알 수 있다. 반항의 아이콘 제임스 딘은 무엇으로 그렇게 많은 사람과 소통했을까?

첫째, 수려하고 매력적인 외모

제임스 딘의 외모는 잘 다듬어진 조각처럼 잘났다. 또한 반항아적인 기질을 가졌다고 보기 어려울 만큼 반듯하고 선한 눈망울을 가지고 있다. 그러나 그의 눈을 가만히 들여다보면 왠지 모를 애처로움이 숨어 있다. 그런데 이 모습이 쪼그라들고 움츠려 작아지고 자신감 없는 사람으로 보이지는 않는다. 언제 폭발할지 모르는 폭탄을 가슴에 지니고 다니는 사람처럼 불안해 보이지만 사람을 끌어들이는 묘한 매력이 있다. 이게 그가 가지고 있는 능통한 힘 중 하나다. 수려하고 매력적인 외모가 그를 더욱 기억에 남게 하였다.

둘째, 독특한 내면의 연기

제임스 딘의 연기는 젊은 날의 방황과 반항적 기질이 적절히 배합된 것으로 미국경제의 불황과 맞물려 미국 국민의 마음을 위로해줬다. 영화에서 그가 보여주는 반항적 기질과 방황하는 형상은 난폭한 듯 평화적이며 강렬한 듯 나약한 모습을 보여주는 독특한 내면의 연기를 바탕으로 하고 있다. 그는 뛰어난 외모만큼이나 독특한 내면의 연기를 바탕으로 사람들의 마음을 흔들어놓았으며 시대의 아이콘이 되었다. 그는 재능과 실력을 인정받는 배우였으며 뛰어난 연기력으로 많은 젊은이가 그를 좋아하지 않고는 못 배기게 했다.

셋째, 모성본능을 자극하는 유약함

9세 때 어머니를 잃고 가슴속에 어머니에 대한 동경과 슬픔을 지니게 되면서 그의 내면에서 나타나는 슬픈 표정이 여성들의 모성애를 자극했다. 작품을 통해 간간이 등장하는 그의 유약한 모습들은 여성의 감성을 자극했고 그를 좋아하는 팬들로 하여금 더욱 그의 곁에 머물고 싶어지게 하였다. 안아주고 싶고 보호해주고 싶을 만큼 모성본능을 자극하는 유약함은 제임스 딘이 세상의 여인들로부터 사랑받을 수밖에 없었던 또 다른 능통한 힘이었다.

넷째, 영원한 청년의 이미지

스물네 살의 불꽃같은 인생을 살다 간 청년 제임스딘은 영원히 사람들의 기억 속에 청년으로 남아 있다. 영원한 청년 제임스 딘의 이미지는 그가 사망한 지 54년이 지난 지금도 변함없이 유지되고 있으며 많은 사람으로부터 사랑받고 있다. 미국의 《포브스》지가 발표한 스타의 사후 수입에서 제임스 딘은 2007년 350

만 달러를 벌어들여 세상을 떠난 이후에도 영원한 청년의 이미지가 여전히 세상 사람들과 소통하는 방법이 되고 있음을 말해주고 있다.

세기의 연인에서 세상의 어머니로 소통한 여인

오드리 헵번Audrey Kathleen Ruston(1929. 5. 04~1993. 1. 20)은 '헵번 스타일'의 원조, 통통 튀는 매력과 우아함이 함께 있는 세기의 연인이다. 얼마 전 한국에서는 모 기업의 광고에 오드리 헵번이 등장하면서 그녀의 아름다움을 다시 한 번 되새기는 계기가 되기도 했었다. 영화 〈로마의 휴일〉·〈마이 페어 레이디〉·〈티파니에서 아침을〉에서 오드리 헵번의 모습을 본 사람이라면 시대를 막론하고 그녀의 모습에 빠져들지 않을 수 없었을 것이다. 그녀의 청순하고 발랄하며 우아한 이미지는 모든 남성의 마음을 사로잡기에 충분했으며 '세기의 연인'이라 불릴 만하다.

그러나 오드리 헵번의 아름답고 평화로운 영화 속 모습과는 달리 그녀에게는 말하고 싶지 않은 가족사가 있었는데 이혼한 부모와 나치에 협조했던 아버지의 이야기가 그것이었다고 한다. 그리고 그녀 또한 두 번의 결혼과 이혼의 아픔을 겪기도 했지만 늘 자기관리가 철저해 배우로서의 삶을 꾸준히 이어갔다.

그러나 뭇 남성의 가슴을 울리고, 많은 여성의 부러움을 사며 세상 사람들로부터 사랑받았던 아름다운 여인 '오드리 헵번'의 삶은 아름다운 여배우로서 멈추지 않는다. 그녀는 세기의 연인에서 세상의 어머니로의 삶을 새롭게 시작한다. 유니세프 친선대사로 아프리카의 굶주리고 고통받는 아이들을 위한 봉사를 시작한다. 손에 물 한 방울 묻히지 못할 것 같은 그녀가 궂은일도 마다하지 않고 사랑을 실천한다. 그리고 1993년 암으로 세상과 이별하게 된다. 특히 그녀는 암으로 투병중일 때에도 친선대사의 역할을 놓지 않고 봉사활동을 멈추지 않았다고 한다.

진정한 아름다움은 얼굴이 아니라 마음이라는 것을 우리에게 보여준 세기의 연인 오드리 헵번은 그녀의 뛰어난 아름다움 그리고 따뜻한 마음으로 세상 사람들과 평생토록 소통했다. 세기의 연인으로 또 세상의 어머니로 말이다.

다음은 오드리 헵번이 평소에 가장 좋아했던 샘 리벤슨Sam Levenson의 시詩다. 이 시를 통해 지금 이 순간 그녀와 소통할 수 있을 것 같다.

> 아름다운 입술을 갖고 싶으면
>
> 친절한 말을 하라
>
> 사랑스런 눈을 갖고 싶으면
>
> 사람들의 좋은 점을 보아라
>
> 날씬한 몸매를 갖고 싶으면
>
> 너의 음식을 배고픈 사람과 나눠라

아름다운 자세를 갖고 싶다면
결코 너 혼자 걷고 있지 않음을 명심하라. (이하 생략)

탁월한 자기관리로 아시아의 연인이 되다

배용준(1972. 8. 29~)은 '욘사마'라는 애칭으로 더 유명한 배우다. 그의 얼굴을 떠올릴 때면 항상 웨이브 있는 머릿결과 하얀 이를 드러내며 볼 깊이 파이는 해맑은 미소가 떠오른다. 그는 한국보다 일본에서 더 인기가 높은 배우고, 아시아 전체에서 사랑을 받는 한류의 대표주자다.

그러나 사실 배용준은 2002년 방영된 〈겨울연가〉의 인기를 정점으로 한국에서는 다소 그 인가가 시들해져 가는 배우였다. 그러던 그는 2004년 〈겨울연가〉가 일본에서 방영되는 것을 계기로 일본의 아줌마 세대에게 폭발적인 반응을 불러오며 일약 일본 최고의 스타로 발돋움한다.

이후 〈겨울연가〉가 촬영됐던 장소로 유명한 남이섬은 한해 평균 8000여 명의 일본인이 다녀갔던 곳에서 〈겨울연가〉 방영 이후 한해 8만여 명이 다녀가는 관광명소로 탈바꿈하기에 이르렀다. 게다가 〈겨울연가〉라는 드라마와 배용준이라는 배우가 만들어놓은 한국의 이미지는 국가브랜드와 상품브랜드 모두에 플러스 효과를 가져왔다. 모 기관의 설문에 의하면 수출기업의 70퍼센트 이상이 한류로 인해 직접적인 도움 내지는 이미지 제고로 인한 간접도움을 받았다고 답했는데, 그 가치를 돈으로 환산하니 수십조 원이 넘는다고 한다.

이후 배용준이라는 배우는 한국을 대표하는 남자배우로서 드라마·영화에서의 활동 차원을 넘어 사업가로 성장, 한 해 수백억 원의 수입을 기록하는가 하면 각종 자선 활동·환경보호운동 등을 통해 다방면에 한류를 알리고 자신의 브랜드를 더욱 공고히 하고 있다. 더불어 한국에서는 새롭게 리모델링된 그의 이미지와 위상으로 인해 '한때 인기 있었던 배우'가 아니라 '할리우드 스타를 넘을 만큼 국가를 대표하는 특급배우'로 예우를 받고 있다.

혹자는 운이 좋았다고, 머리를 잘 썼다고 말하지만 그것은 결코 행운으로만 만들어진 결과가 아니었다. 그의 외모와 또 〈겨울연가〉에서 보여준 캐릭터의 특성을 유심히 본다면 그는 충분히 만인의 연인이 될 만큼 훌륭한 조건을 갖춘 인물이라는 것을 알 수 있다. 부드러운 미소는 누구도 흉내 내기 어려우며 깔끔하고 세련된 매너와 복장 그리고 철저한 자기관리를 통해 결코 팬들을 실망시키지 않고 있다.

가끔 해외토픽을 보면 건강미와 S라인을 자랑하던 세계적인 배우나 가수가 불과 몇 년 사이에 눈 뜨고 못 볼 만큼 망가져 있는 모습을 볼 수 있다. 그런 점에서 보면 배용준은 타고난 매력뿐만 아니라 그것을 꾸준히 관리하고 새롭게 하는 탁월한 재주 또한 가지고 있다고 할 수 있다. 혹시 그가 유약한 이미지를 바탕으로 여성의 모성본능을 자극한다는 고정관념을 가졌다면 그의 화보를 한 번 보라. 울퉁불퉁하고 잘 다듬어진 근육을 보면 놀라움을 금치 못할 것이다. 배용준, 그는 곳곳에 매력이 숨어 있는 한국을 대표하는 배우다. 이 정도 되면 사랑하지 않을 수 없다.

한때 고이즈미 전 일본 총리는 배용준의 인기가 자신보다 높다며 농담 섞인 볼멘소리를 한 적이 있었다. 그가 왜 일본에서 한국을 상징하는 배우이면서 국제적인 인기를 꾸준히 유지하는가. 그것은 그가 타고난 매력에 탁월한 자기관리까지 갖추고 대중과 소통하기 때문이다. 그러니 대중은 그를 보면서 자연스레 그를 사랑하지 않을 수 없게 된다. 그래서 '욘사마' 배용준은 가히 만인의 연인이라 할 수 있다.

지금까지 '연인형' 능통의 힘을 능수능란하게 구사하는 인물들에 대해서 알아보았다. 여러분의 경우는 어떤가? 사실 지금 소개한 연인형에 해당되는 인물들은 대중의 사랑을 받는 배우나 연예인 등에게서 많이 찾아볼 수 있다. 그러나 일반인이라고 해서 절대로 실망할 필요는 없다. 여러분이 소통하고자 하는 대상이 대중이 아니라면 특정한 인물에게 얼마든지 연인형으로 접근할 수 있다. 여러분이 상대방에게 사랑의 콩깍지를 씌우려면 연인이 되기 위한 최소한의 노력은 해야 한다. 어떻게 하는지는 누구나 다 알고 있다. 그리고 또 아주 간단하다. 다만 실천이 어려울 뿐이다.

- **몸매를 아름답게 가꿔라**

나이가 들면 피하지방층이 얇아지고 그로 인해 피부와 근육 그리고 엉덩이가 처지게 되어 있다. 또한 여성은 출산 이후나 나이가 들어가면서 호르몬의 변화로 인해 배가 나오고 허리와 엉덩이의 비율이 1:1이 되기 쉽다. 그렇게 되면 연인이라는 이미지에서는 어쩔 수 없이 다소 멀어지게 된다. 그러므로 올바른 식습관과 절제된 생활 등을 통해 평상시에 몸매를 아름답게 가꾸는 것이 필요하다. 나이보다 더 망가진 몸을 가질 필요는 없지 않은가?

- **피부관리로 젊게 보여라**

여성들에게는 설명이 필요 없을 것 같다. 남자들에게 부탁하고 싶은 말이다. 최근엔 남성화장품 시장이 폭발적으로 증가하고 있다. 남자도 이제는 가꿔야 한다. 생긴 대로 살다간 정말 생긴 대로만 살게 된다. 비누칠에 스킨, 로션만으로 끝내는 건 10년 전 이야기다. 나의 경우도 마사지와 각질제거 그리고 평상시에도 피부관리를 위해 먹을거리와 마음가짐에도 신경을 쓴다. 남 앞에 나서는 강사라는 직업 때문이기도 하지만 청중들에게 더 긍정적이고 밝은 느낌을 줌으로써 강의의 메시지를 더 효과적으로 전달할 수 있기 때문이다. 나는 강연장에서만큼은 청중의 연인이고 싶다.

• 운동으로 건강미를 창조하라

위에 언급한 몸매와 피부를 모두 건강하게 가꾸려면 각각에 필요한 조치도 중요하지만, 기본적으로 꾸준한 운동을 해야 한다. 운동을 꾸준히 하면 몸매도 좋아지고 피부도 매끄러워진다. 그러면 자연스럽게 건강미가 배어나온다. 혈색이 좋아지고 에너지가 넘치는 모습이 남들에게 전달되어 상대의 기분도 좋아진다. 그렇게 되면 자연스럽게 연인형 매력을 얻게 된다. 운동하자. 단, 숨쉬기 운동만으로는 효과가 없다.

• 품위와 매너를 지켜라

세상에는 세 종류의 사람이 있다고 한다. 남자·여자 그리고 아줌마. 하지만 나는 매너남·매너녀·무매너의 세 종류로 나누고 싶다. 타인에게 배려하지 않고 나 혼자 편하자고 품위와 매너를 무시한 채 '뭐, 어때' 하면서 행동하는 사람에게 매력을 느낄 사람이 누가 있겠는가? 일상에서 흔히 볼 수 있는 무無매너 몇 가지를 살펴보자.

아이들은 식당이 전쟁터나 학교 운동장 정도는 되는 줄 알고 뛰고 떠드는데 자기들끼리 수다 꽃만 피우는 부모.

지하철에 앉아서 신발을 벗고 그 발을 양반 다리로 한 채 발가락을 만지고 있는 사람.

레스토랑에서 식사를 마치고 치아 틈으로 쭉쭉 소리를 내거나 냅킨으로 이를 닦는 사람.

남들 줄 선 것을 뻔히 보고도 몰래 새치기를 하면서 끝까지 모른 척하는 사람.

장소 불문하고 슬리퍼와 트레이닝복을 전천후로 입는 사람.

공공장소에서 큰 목소리로 통화하거나 그것도 모자라 휴대폰 벨 소리를 바꾸고 있는 사람.

어디 이뿐이겠는가? 이런 행동을 보고 누가 그 사람을 연인으로 느끼겠는가?

이제 여러분도 얼마든지 연인형 능통의 힘을 발휘하고 활용할 수 있다. 행동하고 노력한다면 스스로 인식하는 이미지뿐만 아니라 남이 나를 인식하는 이미지까지 모두 바뀌게 되어 있다. 자, 지금 당장 실천해보자. 그래서 이젠 사랑스러운 연인으로 거듭나자.

리더형 Leader type
이순신 · 칭기즈칸 · J. F. 케네디

탁월한 지도력을 바탕으로 냉철한 결단을 내리고 과감하게 추진하는 사람에게 우리는 리더십이 있다고 말한다. 이런 인물들은 어려운 상황일수록 그 능력이 더욱 빛을 발하는데 카리스마를 바탕으로 대중을 결속시키고 당면한 위기에 당당히 맞서 정면 돌파함으로써 세상의 영웅으로 추대되기도 한다. 그러나 결코 오만하거나 경솔하지 않으며 지혜와 용기를 가지고 있고 덕德으로써 사람들을 대한다. 그들은 리더라고 불리기에 충분한 실력과 인격을 보유하고 있으며 리더가 권력을 휘두르고 충성을 강요하는 사람이 아니라 먼저 행동함으로써 존경을 받는 사람이라는 점을 잘 알고 있다.

한마디로 리더형 능통은 탁월한 리더십과 덕德의 조화로 사람들과 소통하고 나아가 능통의 경지에 다다르는 것을 말한다. 리더십과 덕德은 진정한 리더와 우두머리를 구분짓는 가장 중요한 특징이다. 그럼 이제부터 리더형 인물들이 어떻게 세상과 소통했는지 살펴보자.

민족의 역사를 다시 쓰게 해준 조선 최고의 영웅

이순신李舜臣(1545~1598)은 한국인이 가장 존경하는 위인 중 한 명이자 가장 위대한 장군이다.

임진왜란 당시 조선의 지상군은 추풍낙엽에 불과했다. 왜군의 부산상륙 불과 20일 만에 한양을 내주고 60일이 채 되지 않아 개성과 평양마저 빼앗겼으며 함경도까지 허용할 정도로 나약했다. 게다가 당시 임금(선조)의 두 아들마저 적의 포로로 잡히는 굴욕과 수치의 연속이었다.

그러나 해상에서는 상황이 달랐다. 최초 경상도 일대에서는 왜군에 패했지만, 전라좌수영의 수군절도사로 있는 이순신만큼은 연전 전승을 하고 있었다. 왜군이 가는 길목마다 그들을 격퇴하고 참혹한 패배를 안겨주는 넘지 못할 거대한 산이 있었으니 그가 바로 이순신이었다. 임진왜란 당시 왜군의 계획은 지상군이 먼저 진격을 하고 해상에서 물자와 군사를 공급받아 전쟁을 마무리 지으려는 것이었으나 이순신으로 인해 뱃길이 끊겨 물자가 들어오지 못하자 전쟁을 계속 수행하기 점점 어렵게 되었다. 결국 이순신이 모든 해전에서 승리하게 되고 마지막 전투 노량해전에서 전사하지만 임진왜란도 그 끝을 알리게 된다.

이순신은 왜군에 의해 국가가 유린당하는 민족 최대의 위기를 정면으로 뚫고 나가 나라와 국민을 위기로부터 구해낸 영웅이자 불세출의 리더다. 만약 이순신이 없었다면 지금 우리나라는 일본의 어느 현쯤에 소속되어 있었을지도 모른다. 그는 전쟁에서 승리한 용감한 장군을 넘어 민족의 역사를 계속 써내려갈 수 있도록 지켜준 위대한 영웅이었다.

그의 뛰어남은 우리나라에만 머문 것이 아니었다. 러일전쟁 때 일본연합함대사령관으로 천하무적이라 불렸던 러시아의 발틱함대를 완전히 격파시켰던 세계 10대 제독 중 한 명인 일본의 '도고 헤이하치로' 장군이 가장 존경했던 인물이 바로 이순신 장군이었다. 유명한 일화로 전승축하연에서 한 기자가 그의 업적이 독일의 넬슨 그리고 이순신 장군에 버금간다고 하자, 그는 자신을 넬슨과 비교하는 것은 가능하나 이순신 장군에 비하면 자신은 하사관에도 못 미친다며 기자를 나무랐다고 한다.* 그의 이순신 장군에 대한 존경심이 얼마나 대단했는지를 짐작할 수 있는 일이다.

또한 이순신 장군은 고故 박정희 대통령이 가장 존경하는 인물

* 井上秀雄 編,『日朝關係史 I』, 櫻楓社, 1969, 171면, 주5.

이기도 했으며 전직 노무현 대통령이 가장 감명 깊게 읽었던 소설 또한 이순신을 주제로 한 것이었다. 지금도 광화문 큰 거리에는 그의 동상이 놓여 있으며 우리의 역사 교과서와 마음속에 여전히 살아 숨쉬며 소통하고 있다.

그렇다면 이순신 장군의 업적은 왜 대단하며 어떤 요인으로 그토록 완벽한 승리를 할 수 있었을까? 왜 이순신 장군은 여전히 우리에게 뛰어난 리더이며 가장 존경받는 인물인가?

첫째, 뛰어난 지략과 전술의 달인

23전 23승 불패의 신화는 일본의 엄청난 무기와 물량 앞에서 도저히 비교도 안 되는 빈약하고 초라한 병력과 무기로 맞서 이루어낸 기적 같은 성과다. 특히 명량해전 당시 이순신 장군은 원균의 모략에 의해 투옥되어 있다가 급히 복직해 단 12척의 배로 적함 122척을 맞아 승리로 이끌었으며 마지막 전투 노량해전에서는 퇴각하는 적군의 배를 무려 200여 척이나 격파하는 확실한 승리를 거두었다.

그는 뛰어난 지략과 전술의 달인으로 지형지물을 활용하고 조류와 바람을 이용하는 데 능했으며 진군과 퇴각의 시기를 결정하고 병법과 무기를 제조하는 능력 또한 경지에 올라 있었다. 그가 지닌 능력과 보여준 성과만으로도 자연스럽게 리더라는 소리를 들을 만큼 탁월한 인물이었다.

둘째, 청렴과 초지일관의 정신

그는 남들처럼 권력과 지위에 연연해 남을 모함하거나 위기로 몰아넣지 않았다. 그는 청렴을 원칙으로 삼았으며 언제나 자신의 역할을 다하는 데에만 관심이 있었다. 한때 이순신은 왜군의 책략과 내부의 모함으로 인해 삭탈관직을 당하고 백의종군한다. 그러나 당시 수군통제사의 지위에 있었던 원균이 전투에서 패하고 전사하자 이순신은 급히 복직을 명령받고 12척의 배로 적군의 배 133척과 맞서 대승을 거두었다. 이것이 그 유명한 명량해전이다. 또한 그는 죽는 날까지 오직 국가의 안위와 민족을 위해 왜군으로부터 나라를 지키는 일에만 초지일관했다. 자신의 업적과 성과를 이용해 얼마든지 권력을 탐하고 높은 벼슬에 오를 수도 있었지만, 그는 오로지 군인으로서의 사명에 목숨을 걸었다.

셋째, 덕과 솔선의 리더십

로마의 카이사르가 《전쟁기》를 남겼다면 이순신은 《난중일기》를 남겼다. 그는 냉혹하고 비인간적인 우두머리가 아니었으며 인간적이며 덕이 있는 리더였다. 《난중일기》를 보면 이순신은 옳고 그름과 잘잘못에 대해 매우 엄격했으며 정확한 잣대로 부하들을 통솔한 것으로 나온다. 또한 군사들의 사기를 북돋고 결의를 다지기 위해 늘 노력하는 리더였다. 일례로 명량해전을 앞두고 장수들이 모두 겁을 먹자 그는 "병법에 이르기를 죽으려고 하면 살고, 살

2008년 촛불집회 당시 세종로의 충무공 이순신 동상이 소통 부재의 모습을 안타까운 듯 내려다보고 있다.

려고 하면 죽는다고 했다. 또 한 사람이 길을 막으면 천 명의 적도 두렵게 할 수 있다."라는 말로 장수들의 사기를 진작하고 전쟁을 승리로 이끌게 했다.

그러나 무엇보다 중요한 것은 이순신 장군이 죽는 그 순간까지도 행동으로 보여줌으로써 덕을 실천했고 리더십을 완성했다는 것이다. 1597년 11월 19일 그의 마지막 전투이자 임진왜란의 끝을 알리는 노량해전에서 퇴각하는 적의 배 200여 척을 궤멸시키고 이순신은 전사했다. 그는 마지막까지 최전방에서 북을 치며 전투를 지휘했고 적의 총탄에 맞아 죽어가면서도 자신의 죽음을 알리지 말라고 부탁하며 아군의 완전한 승리를 염원했다.

대한민국의 국민이라면 이순신 장군의 혜택을 받지 않은 사람은 없다. 우리는 자신의 목숨을 아끼지 않고 국가를 절체절명의 위기로부터 구한 이순신 장군의 탁월한 리더십을 존경한다. 충무공 이순신 장군은 지금 이 순간에도 우리의 영혼 속에 그리고 민족의 역사 속에 그대로 살아 숨쉬며 소통하고 있다.

지구의 절반을 정복했던 천 년의 인물

칭기즈칸Chingiz Khan(1155~1227. 8. 18)은 〈워싱턴 포스트〉지가 지난 천 년간 세계사에 있어 가장 중요한 인물로 꼽은 사람이다. 유럽인의 시각에서 보자면 나폴레옹이나 알렉산더 대왕이 아닌 글자도 읽을 줄 모르는 미개한 유목민이 천 년의 인물이 된 것이다. 그러나 칭기즈칸이 정복한 땅의 면적만을 두고 보더라도 그들과 비교가 되지 않는다. 약 800년 전 그는 전 세계의 절반에 해당하는 땅을 지배하는 황제였으며 인류사에 길이 남을 뛰어난 전술과 리더십을 가진 인물이었다. 칭기즈칸이 차지했던 땅이 얼마나 광활했는가 하면 그 면적이 대략 770만 제곱킬로미터로 나폴레옹이 정복했던 면적보다 무려 6.7배나 넓었다.

칭기즈칸은 몽골의 이름 있는 부족 태생이었으나 그가 어렸을 때 아버지가 독살당한 후 가난과 불우한 환경 속에서 성장할 수밖에 없었다. 그에게는 늘 생존이 가장 현실적인 문제였으며 가난과 어려움이 항상 함께했다. 그렇게 치열한 삶을 통해 성장하며 몽골

씨족연합의 우두머리가 된 후 칭기즈칸이라는 칭호를 얻게 된다. 그리고 마침내 몽골의 여러 지역을 차례로 정복하며 몽골 전체의 통일을 이룬다.

몽골의 통일을 이룬 칭기즈칸은 여기에서 안주하지 않고 영토 확장에 나선다. 몽골군대가 영토를 확장하는 과정에서 보여준 잔혹함은 이미 정평이 나 있다. 닥치는 대로 죽이고 없애서 칭기즈칸을 야만인으로 보는 사람도 많다. 그러나 나는 분열된 몽골을 통일하고 그 힘을 이어받아 몽골을 넘어 아시아와 유럽에 걸친 대제국을 건설한 칭기즈칸의 카리스마 넘치는 리더십을 이야기하고 싶다. 역사저술가인 해럴드 램의 책 《칭기즈칸》에는 그의 업적과 성공스토리가 잘 기술되어 있는데, 그의 행보를 살펴보면 몇 가지 특징을 뽑아낼 수 있다.

첫 번째로 그는 우수한 군대를 이끄는 통솔력이 있었다는 것이다.

당시 고도로 훈련된 몽골기병의 능력과 사기는 매우 높았는데 오만하고 불손한 태도를 갖기에 충분했었다. 그러나 그들은 리더 앞에서 절대복종하는 것을 생명으로 삼았다. 그만큼 칭기즈칸의 카리스마가 대단했다는 의미다.

두 번째는 군사들이 목표에 전념하게 하는 비전제시능력이 탁월했다는 것이다.

"한 사람이 꿈을 꾸면 꿈으로 끝나지만 만인이 꿈을 꾸면 얼마든지 현실로 만들 수 있다." 이것은 칭기즈칸이 한 말이다. 그는 이렇듯 군사들에게 비전과 목표를 제시하는 능력이 탁월했으며 실제로 꿈을 실현해가면서 더욱 그 뜻을 공고히 만들어나갔다.

세 번째는 여러 국가의 기술자를 등용해 활용하는 재주가 있었다는 것이다.

몽골군대가 많은 사람을 살상한 것으로도 유명했지만, 기술이 있는 사람은 죽이지 않고 본국으로 데리고 가 기술을 전수받고 활용했다. 칭기즈칸은 지식노동자의 가치를 알고 있었다.

끝으로 많은 사람이 알고 있는 것처럼 그는 인재를 공평하게 심사하고 전리품을 균등하게 나누는 공정성을 중요하게 여겼다. 내부의 분열이 일어나거나 견고한 조직력이 와해되는 것을 막기 위해 사람을 공평하게 심사하고 물건을 공정하게 나누어 분쟁의 씨앗을 애당초 키우지 않았고 리더로서의 위상과 권위를 더욱 높였다.

〈차이나데일리〉지는 칭기즈칸이야말로 세계화가 무엇인지를 이미 800여 년 전에 보여준 인물이라고 칭했다. 그는 공간과 시간 그리고 국경을 없앤 인물로 지금 세계화 전략의 귀감이 되는 모습을 많이 보여주었다. 칭기즈칸은 탁월한 카리스마와 리더십으로 전 세계의 절반을 지배했던 몽골제국의 황제였으며 마지막까지 전장에서 싸우다가 죽은 진정한 투사였다. 그는 지금 몽골을 넘어 세계인의 마음속에 리더로 그리고 황제로 소통하고 있다.

도전정신·카리스마·열정
그리고 비운의 죽음으로 기억되는 젊은 대통령

2009년 1월 20일 미국역사상 최초의 흑인 대통령 버락 오바마 Barack Obama의 취임연설은 전 세계의 주목을 받기에 충분했으며 취임 직후 지지율은 케네디 이후 최고의 수치를 보였다. 그의 이미지는 J. F. 케네디 John Fitzgerald Kennedy (1917. 5. 29~1963.11. 22)와 많이 닮았으며 그가 연설이나 토론을 통해 지지를 호소하고 설득해나가는 모습 또한 케네디와 비슷하다. 그래서 사람들은 오바마를 '검은 케네디'라고 부른다.

이렇듯 미국인들에게 남아 있는 J. F. 케네디의 이미지는 링컨·루스벨트와 함께 미국 대통령의 기준이 될 만큼 강렬하다. J. F. 케네디는 미국 역사상 가장 어린 44세의 나이에 대통령이 된 인물이기도 하며 임기를 다 채우지 못하고 세상을 떠난 비운의 대통령이기도 하다. 미국인의 가슴속에 J. F. 케네디는 어떤 사람이었으며 그는 왜 여전히 사람들과 소통하고 있을까? 그럼 1961년 케네디의 취임식장으로 함께 가보자.

"사랑하는 국민 여러분, 조국이 여러분을 위해 무엇을 해줄 수 있을지 생각하기 이전에 여러분이 조국을 위해 무엇을 할 수 있는지 물으십시오."

케네디는 국민의 화합과 참여를 통해 미국이 새로운 개척자 정신(뉴 프런티어 정신)으로 변화에 앞장설 것을 주장했다. 케네디는 단호하고 간결한 주장과 명쾌한 논리를 통해 카리스마 있는 리더로 국민에게 크게 다가선다. 그는 국민과의 원활한 소통을 위해 자신이 가장 잘하는 연설과 웅변을 주로 사용했으며 특히 TV를 가장 잘 활용한 대통령으로도 유명하다. 사실 대통령 후보 간의 TV토론이라는 개념도 케네디와 닉슨의 후보자 대결에서부터 시작된 것이었다.

케네디에 대한 평가는 사실 크게 엇갈린다. 그러나 결과만을 두고 봤을 때 외교적인 측면에서는 두드러진 공을 세운 것은 사실이다. 특히 소련의 흐루시초프 정권이 쿠바를 핵미사일의 전진기지로 삼기 위해 쿠바에 미사일을 배치시키는 이른바 '쿠바 미사일 위기'가 코앞에서 발생하자 미국의 수뇌부에서는 전쟁불사와 전면전으로 치닫는 양상이었다. 당시 상황은 자칫 핵전쟁으로 비화되거나 제3차 세계대전이 발생할 만큼 중대한 시국이었는데 케네디는 강력한 지도력을 바탕으로 쿠바에 대한 즉각적인 해상봉쇄를 취했으며 소련의 흐루시초프에게 미사일 철수를 강력하게 요구한다. 결국 미국이 쿠바를 침공하지 않는다는 조건하에 사태는 평화적으로 해결된다.

흐루시초프와 케네디의 대결을 통해 흐루시초프는 국가의 자존심에 상처를 주게 되지만 케네디는 자유진영의 영웅으로 부상한다. 이로 인해 나이가 어리고 경험이 부족한 대통령이라는 이미지는 사라지고 국가의 자존심을 높이고 국제적인 평화에 기여한 뛰어난 지도력을 지닌 대통령으로 케네디는 거듭난다. 지금 미국인들의 가슴 깊이 존재하는 케네디는 탁월한 지도력과 강력한 리더십으로 국가안보와 평화에 기여한 카리스마 있는 리더이자 따뜻한 리더였다.

J. F. 케네디. 그는 지금도 미국 국민의 가슴속에 그리고 그를 존경하는 사람들의 기억 속에 존재하고 있으며 끊임없이 그들과 소통하고 있다.

리더형 인물들을 소개하면서 그 의미를 효과적으로 전달하기 위해 나는 누가 뭐라고 해도 리더일 수밖에 없는 역사적 인물들을 예로 들었다. 그래서 많은 독자 분들이 리더의 위치에 있지 않고서는 활용할 수 없는 것이 아닐까 하는 생각을 할지 모르겠다. 그러나 여러분은 이미 누군가 혹은 어느 조직의 리더일 것이라고 나는 확신한다. 회사의 대표에서부터 한 집안의 가장·부서의 책임자 아니면 맡은 일의 담당자·동호회의 시삽 등 무엇이 되었건 누구나 한 가지 이상은 자신이 책임지고 있는 분야가 있게 마련이다. 그런 점에서 리더형 인물의 특징을 잘 살펴본 후 실력과 인격을 갖추는 작업을 단계적으로 해나간다면 얼마든지 실현 가능하다.

그러나 덕이 부족하여 리더로서의 자격을 의심받는 경우도 많다. 내가 직장생활을 하던 초기에 상사로 있던 분은 부하직원을 힘들게 하는 것으로 정평이 나 있었다. 나를 포함해서 벌써 몇 명의 부하직원이 때려치우고 나갔다고 했다. 아무튼 잘 버티고 몇 년이 지난 후 내가 이직을 하게 되었는데 나중에 들은 소식으로는 리더십에 문제가 있어서 결국 자진퇴사를 할 수밖에 없었다고 한다. 지금도 그분이 입에 달고 살던 말이 떠오른다. "이봐, 나 때는 그렇게 일 안 했는데 이 정도 가지고 벌써 힘들어?"

덕이 없으니 누가 그를 따랐겠는가. 한 부서의 리더 자리에 있었던 것은 확실했지만, 직원들의 마음속에는 이미 리더가 아니었다. 그래서 그는 구성원들과 소통하지 못했고 자신과도 소통하지 못했다.

중국 역사상 가장 오랜 기간 왕의 권좌를 지킨 사람은 청나라의 황제 '강희제'다. 그는 8세에 즉위하여 무려 61년간 황제의 자리에 있었는데 강희제가 통치의 근본으로 삼았던 것은 다름 아닌 '덕德을 통한 백성과의 소통'이었다. 300여 년 전에 그는 이미 다음과 같은 말을 철학으로 삼고 있었다. "힘으로 권력을 지키는 자는 제 홀로 영웅이고, 위엄으로 지키는 자는 하나의 국가를 유지할 수 있지만, 덕으로 지키는 사람은 천하를 건립할 수 있다."

여러분은 어떤가? 지금 가정에서 부모 혹은 자녀로서 덕으로 가족구성원과 소통하고 있는가? 상사나 부하직원과의 관계는 어떤가? 양쪽 모두에게 덕이 있는 사람이라는 평가를 받고 있는가? 이제 리더가 되어보자. 존경받는 최고의 리더가 아니어도 좋다. 사람들에게 오래 기억되는 따뜻한 리더가 되어 소통하고 능통하자.

전문가형 Expert type
서희 · 빌 게이츠 · 피터 드러커 · 반기문

한 분야에서 최고가 된다는 것은 많은 사람의 바람과 달리 극히 소수만의 결과가 될 수밖에 없다. 정해진 법칙은 없지만 일반적으로 한 분야의 전문가가 되기 위해서는 적어도 10년 이상의 꾸준한 노력과 발전이 있어야 한다는 말도 있고 경우에 따라서는 평생이 걸리는 일이 될 수도 있다.

《타임》지의 에세이스트 로젠블라트는 작가가 되고 싶다는 젊은이에게 다음과 같은 말을 했다고 한다.

"한 가지 주제를 물고 늘어져라. 스무 살 때 지렁이에 대해서 쓰고 싶어 한다면 그렇게 하도록 내버려둬라. 40년 동안 지렁이 이외에 다른 글을 쓰지 않아도 간섭하지 마라. 그가 예순 살이 되면 지렁이의 대가 집 앞에 순례자들이 모여들어 알현하기를 사정할 것이다."*

그렇다. 전문가는 한 분야의 최고가 되는 것이고 해답을 얻기 위해 길게 줄지어 있는 사람들에게 지렁이란 무엇인가에 대해 대답해 줄 수 있는 사람이다. 사람들은 전문가의 선택을 눈여겨보고 그들의 조언을 필요로 하며 또 전문가가 되고 싶어 한다. 전문가형 인물들은 그들이 한 분야에서 독보적인 존재가 됨으로써 예상을 뛰어넘는 놀랄 만한 결과를 만들어내고 그로 인해 사람들과 능히 소통한 사람들이 많이 있다. 그들은 모두 눈에 띄는 능력과 미래를 내다보는 안목을 겸비하고 있었으며 특정 분야에서 확고한 영역과 성과를 만들어낸 사람들이다.

말 한마디로 강동 6주를 획득한 협상의 달인

서희(942~998. 고려시대)는 고려의 장군으로 타고난 협상가이며 문무를 겸한 외교전문가였다. '가장 완벽한 승리는 싸우지 않고 적을 굴복시키는 것'이라는 《손자병법》의 '부전이굴 不戰而屈'이 바로 서희 장군을 두고 한 말이 아닐까 한다.

그는 80만 대군을 이끌고 내려온 거란의 소손녕과의 협상에서 칼 한 번 휘두르지 않고 강동 6주를 획득한다. 강동 6주는 당시 고려가 북진정책을 펴는 데 매우 중요한 지역이면서 늘 걸림돌이

---

*《유쾌하게 나이드는 법 58》, 로저 로젠블라트 지음, 나무생각, 2002, P. 66.

되던 여진족이 거주하고 있던 곳이었으나 서희의 협상 이후 고려에 속하게 되면서 군사적 요충지로 자리 잡는다. 우리는 이를 두고 '서희의 담판'이라 부르며 그의 협상력과 외교력을 아로새기고 있다.

과연 서희는 어떤 능력을 가지고 있었기에 80만 대군을 이끌고 내려온 적장 소손녕과 소통할 수 있었을까? 어떻게 피 한 방울 흘리지 않고 강동 6주를 거란으로부터 획득하게 되었을까?

우선 서희는 전문지식과 경험이 풍부했다. 그는 과거를 통해 관직에 오른 사람이었으며 송나라에 사신으로 파견되어 고려와 송나라와의 첫 수교를 이끌어내는 공적을 세운다. 이 공로로 서희는 송나라로부터 벼슬까지 받게 되는데 이때부터 이미 서희는 탁월한 외교가로서의 기초와 경험을 착실히 쌓아가고 있었다.

두 번째로 그는 소신과 논리가 강한 사람이었다. 거란의 소손녕이 80만 대군을 이끌고 고려를 침공하자 고려 내부에서는 항복하거나 땅을 내어주고 화해하자는 의견이 분분했다. 그러나 서희는 맞서 싸울 것을 소신 있게 주장했으며 마침내 성종의 동의를 얻어내어 소손녕과 담판을 하러 적진으로 찾아가게 된다.

끝으로 그는 상대의 마음을 읽는 능력이 탁월했다. 서희는 거

서희 장군께서 마치 협상을 하자고 제안하는 것 같다. - 경기도 이천 설봉공원 내.

란의 소손녕이 거대한 군사력을 보유하고 있으면서도 전면전으로 나서지 않고 시간을 두고 위협을 지속한다는 점에서 전쟁보다는 고려와의 관계개선을 원하고 있음을 간파했다. 그래서 그는 거란과의 관계개선과 수교를 위해서는 지금의 강동 6주를 고려의 땅으로 인정해주고 그 지역에 머물고 있는 여진족 정벌이 필요하다고 설득해 강동 6주를 획득하고 여진족을 몰아내는 데 성공한다.

서희 장군의 업적으로 고려는 과거 고구려의 영토였던 강동 6주를 획득한 것은 물론 이후 강감찬 장군의 귀주대첩 대승으로 거란으로부터 강동 6주를 지켜내고 확고한 고려의 땅으로 만들었다. 만일 서희가 어설픈 외교력과 협상력으로 임했다면 지금 우리의 역사도 많이 바뀌어 있을 것이다.

한 사람의 뛰어난 능력·탁월한 전문성이 놀라운 결과를 만들어 냈고 국가의 부흥과 도약의 기초를 제공했다. 서희는 우리 민족의 역사에 길이 남는 최고의 외교 전문가요 협상가였다. 그리고 그는 자신의 능통한 힘으로 적장과 소통했으며 역사에 남을 큰 선물을 우리에게 주었다.

컴퓨터 산업계의 억만장자이자 사랑을 실천하는 부자

빌 게이츠Bill Gates(1955. 10. 28~)는 잠자리 안경에 모범생 같은 모습, 평범하고 순하게 생긴 인물로서 그의 외모만큼이나 착실하고 성적이 우수한 학생이었다. 고등학교 때에는 폴 앨런을 만나 이런저런 사업을 시도해보기도 했고 이후에 마이크로소프트 사를 공동 창업하는 인연으로 이어간다. 그는 명문 하버드 대학에 입학했으나 컴퓨터를 운영하는 프로그램에 대한 관심과 개발에 대한 열정을 멈추기 힘들었다. 그래서 대학을 중퇴하고 친구인 폴 앨런과 함께 뉴멕시코에 회사를 설립한다. 마이크로소프트 사는 그렇게 탄생한다.

이후 많은 사람이 알고 있듯이 애플 사의 등장으로 퍼스널컴퓨터가 예상치 못한 호황과 엄청난 파급 효과를 불러오자 IBM은 부리나케 애플 사에 대응하기 위한 모델을 출시하며 반격에 나선다. 그러나 문제는 운영체제였다. IBM의 컴퓨터를 완벽하게 구동해

줄 운영체제를 정해진 시간에 빠르게 만들어낼 수 있는 업체를 물색하던 중 IBM은 마이크로소프트 사와 개발계약을 체결한다. 그리고 IBM의 모든 컴퓨터에 운영체제로 DOS가 함께 제공되면서 마이크로소프트 사는 엄청난 사용자를 순식간에 확보하게 된다. 이때부터 마이크로소프트의 시장점유율과 DOS의 우수성이 널리 알려지며 컴퓨터 운영체제에 있어서 독보적인 위치를 차지하게 된다. 결국 마이크로소프트의 창업자인 빌 게이츠와 폴 앨런은 세계 최고의 부자 대열에 합류하고 그들이 처음 창업하면서 내걸었던 슬로건 '모든 책상과 가정에 컴퓨터를!'을 실현한다.

빌 게이츠는 자기 분야에서 독보적인 능력을 발휘했으며 미래를 예견하는 능력으로 부와 명예를 함께 거머쥐었다. 또한 그는 2008년 공식적으로 마이크로소프트 사를 떠난 이후 빌 게이츠 재단Bill n Melinda Gates Foundation을 설립해 질병 예방 및 치료제 개발·장학금 지원·세계 도서관 건립·친환경 농업기술·지구온난화 방지 등 자선 활동을 펼치며 기업의 사회적 책임과 부자의 의무를 몸소 실천하고 있다.

그럼 지금부터 빌 게이츠의 어떤 특성이 그를 성공한 기업가이자 사회사업가로 만들었는지 알아보자.

첫째, 생각을 실천으로 옮기는 데 탁월했다

누구나 꿈이 있고 그것이 실현된 멋진 미래를 상상할 자유는 있다. 그러나 생각을 실천하는 것은 오로지 자기 자신의 의지에 달려 있다. 그런 점에서 빌은 생각을 실천으로 옮기는 데 탁월한 능력을 보유하고 있는 사람이다. 누구나 하버드 대학에 입학해서 공부하게 된다면 아무리 대단한 꿈과 유혹이 있더라도 하버드라는 이름을 버리고 학업을 그만두기는 쉽지 않을 것이다. 그러나 빌은 자신의 확고한 꿈 앞에 당당했으며 미래를 개척하고 부딪쳐 나갈 용기가 있었다. 그는 자신의 꿈이 그저 상상하기 위해 있는 것이 아니라 실천을 통해 만들어 가는 것임을 이해했고 그로 인해 자기 자신과 완전하게 소통했다.

둘째, 미래를 예견하는 능력이 있었다

빌은 개인컴퓨터의 보급이 확대되면 그 운영체제에 대한 수요 또한 폭발적으로 증가할 것이라고 예상했으며 폴 앨런과 베이직 *basic*이라는 프로그램을 개발해 마이크로소프트의 기초를 단단하게 다져나갔으며 IBM에 DOS를 공급할 때에도 가격보다는 시장점유율을 바라보고 계약을 진행했다. 일단 운영체제가 보급 되고 나면 향후에 자연스럽게 업그레이드가 필요하게 될 것이라고 믿었다.

또한 1999년에 발간된 그의 저서 《생각의 속도》에서 빌은 인터넷이 모든 것을 바꿀 것이라며 정확하게 예견했다. 그가 제시한 미래 인터넷환경이 가져올 엄청난 변화의 예상은 대부분 일치하는 것으로, 빌은 다가올 미래의 변화를 읽어내는 능력으로 앞날을 준비했으며 그에 상응하는 적절한 경영으로 여전히 전 세계의 컴퓨터 사용자의 80%가 마이크로소프트의 운영체제를 사용하게끔 하는 데 성공했다.

셋째, 뛰어난 인재를 주변에 두었다

동업자 폴 앨런만큼이나 마이크로소프트에 큰 활약을 펼친 인물은 1980년 새롭게 합류했던 빌 게이츠의 친구 스티브 발머Steve Ballmer다. 그는 엔지니어 출신은 아니었지만 뛰어난 사업 수완과 협상능력을 갖춘 사람으로 다국적 기업 피앤지P&G에서 업무를 수행했으며 스탠퍼드 대학에서 경영학석사MBA를 취득했다. 마이크로소프트가 IBM에 운영체제인 DOS를 공급하게 된 결정적인 역할을 한 사람 또한 스티브 발머였다.

스티브 발머는 호전적인 성격과 승부에 대한 강한 집착 등 부정적인 표현이 항상 따라다니기는 했어도 빌 게이츠에게는 절대적인 신뢰의 대상이었으며 성공의 보증수표였다. 빌은 뛰어난 두뇌와 최고의 기술을 가지고 있었지만, 대인관계와 협상력은 스티브 발머에 비해 훨씬 미치지 못했기 때문에 둘은 서로의 부족한 면을 보완해줄 완벽한 파트너가 될 수 있었다.

빌 게이츠의 성공을 말하는 사람들은 대부분 그 원인 중 하나가 빌이 늘 우수한 인재를 자신의 주변에 두고 그들이 최고의 능력을 발휘할 수 있는 환경을 제공하며 성과를 낼 수 있도록 도왔다고 한다. 빌은 뛰어난 인재를 통해 경영했고 그들이 꿈을 이룰 수 있도록 협조함으로써 구성원과 소통했으며 고객과 소통했다.

넷째, 전념할 때와 물러날 때를 알았다

빌은 자신의 인생을 걸며 전념할 때를 알았다. 그래서 주저하지 않고 하버드 대학을 중퇴했으며 모든 것을 걸고 컴퓨터 운영체제 개발에 몰두했다. 이러한 결단과 노력·적절한 운 그리고 뛰어난 인재의 조합으로 마이크로소프트는 세계 최고 수준의 기업으로 발돋움했다. 빌에게는 세계 최고의 갑부라는 수식어와 함께 한때 악덕 독점기업이라는 오명도 있었지만 빌은 마이크로소프트사의 지위와 명성에 오명을 남기지 않았다. 그리고 그는 홀연 2008년 6월 27일 스티브 발머에게 경영권을 넘기고 자선사업에 전념할 것을 선언하며 완전히 은퇴한다. 빌 게이츠는 전념할 때와 물러날 때를 알았으며 최고의 자리에 있을 때 당당하게 뒤로 물러났다. 빌 게이츠가 성공한 사업가이자 자선과 봉사를 실천하는 부자로 세상 사람들과 여전히 소통하고 있는 또 다른 이유다.

2008년 11월 28일 미국의 《비즈니스 위크》지가 발표한 지난 5년간 가장 많은 기부를 한 사람 순위에서 빌 게이츠는 약 26억 달러로 워렌 버핏에 이어 2위를 차지했다. 빌 게이츠는 뛰어난 능력과 컴퓨터 운영체제에 관한 한 독보적인 기술을 바탕으로 자신은 물론 세상 사람들과 소통했으며 많은 이들은 그의 행보를 통해 커다란 존경심을 나타내고 있다. 그는 한 분야에서 최고의 위치를 공고히 한 전문가였으며 지금은 전 세계인에게 희망이라는 메시지를 전달하며 소통하고 있다.

경영 현장에 여전히 살아 있는 현대 경영학의 아버지

피터 드러커Peter Ferdinand Drucker(1909. 11. 19~2005. 11. 11)는 현대 경영학의 아버지로 불리는 오스트리아 태생 미국의 경영학자다. 그는 독일에서 신문기자로 활동했으며 영국에서는 은행 소속 경제 전문가로 일하기도 했다. 이후 미국에 건너와 《경제인의 종말》이라는 책을 출간하면서 본격적인 경영 컨설턴트와 교수로서의 활동을 시작한다.

피터 드러커가 '현대 경영학의 아버지'라고 불리는 이유 중 하나는 그가 경영Management의 개념을 최초로 체계화한 공적이 있기 때문이며 오늘날 경영 현장에 미친 영향이 상당히 크기 때문이기도 하다. 지금 우리가 사용하는 많은 용어들이 대부분 피터 드러커가 주장했던 이론에서 나온 것들이 많은데 목표관리MBO · 지식경영 · 지식노동자 · 수평조직 · 임파워먼트empowerment 등이 대표적이다.

특히 피터 드러커는 경영을 경영주들이 공장을 운영하며 얻게 된 노하우나 요령 같은 두루뭉술한 경험담이나 이야기로 묶어두지 않고 경영을 하나의 학문으로 승격시킨 장본인이다. 그는 뛰어난 통찰력으로 경영의 본질을 꿰뚫어보며 다양한 방법론을 제시했으며 영리단체뿐만 아니라 비영리단체의 경영까지도 많은 영향을 미쳤다.

피터 드러커는 경영학이라는 분야의 전문지식을 스스로 축적해 왔으며 이를 바탕으로 현대 경영학의 역사와 96년이라는 세월을 함께했다. 그리고 지금도 그의 경영기법과 이론들은 우리의 경영 현장에 여전히 막강한 영향력을 행사하며 끊임없이 소통하고 있다.

피터 드러커의 여러 가지 이론 중 그의 저서 《경영의 실제The practice of management》에서 언급된 목표관리MBO(목표와 자기 관리에 의한 경영)에 대해서 한번 살펴보자.

피터 드러커는 조직이 원하는 목표를 달성하기 위해서는 진정한 의미의 팀을 구성해 개개인의 노력을 공동의 노력으로 결합시켜야만 한다고 보았다. 그러기 위해서는 각각의 직무가 기업 전체의 목표에 초점을 맞추어야 한다고 믿었다. 하지만 상급자에 의해서 일방적으로 할당되는 목표가 아니라 목표관계자들 즉 구성원들의 적극적인 참여와 대화를 통해 목표를 설정하는 것이 필요하다고 말했다. 이렇게 되면 목표에 대한 강한 책임감과 공동의 목표에 대한 이해가 형성된다고 보았다. 또한 목표설정 이후 측정을 통한 자기관리 · 보고서와 표준 업무처리절차에 대한 활용 방법 등을 제시하며 기업이 개인의 강점을 최대로 발휘하고 스스로 책임지게 하는 경영원리를 통해 조직과 개인의 비전이 조화를 이루는 경영을 강조했다.

내가 몇 년째 꾸준히 하고 있는 강의 내용 중 하나가 '조직과 나의 행복'이라는 주제다. 이 강의 내용에는 조직과 나의 비전을 연결하는 방법이 빠지지 않는다. 그런데 피터 드러커는 이미 이 원리를 이 책이 쓰인 1954년에 목표관리MBO라는 개념을 통해 소개했으니, 그가 왜 현대 경영학의 아버지라 불리는지 이해할 만하다.

피터 드러커는 타고난 통찰력과 뛰어난 지식을 바탕으로 경영학의 대가로서 우리 곁에 남아 있으며 지금 우리의 일터에 꾸준히 영향을 미치며 소통하고 있다. 그는 전문가였으며 탁월한 전문성으로 인해 과거에도 지금도 그리고 미래에도 많은 사람과 소통할 뿐 아니라 진정한 능통의 역할 모델로 자리할 것이다.

한국을 대표하는 외교전문가

반기문(현 UN 사무총장, 1944. 6. 13~)은 1944년 충북 음성에서 태어나 1970년 외무고시에 합격한 이후 2004년 외교통상부 장관까지 이르게 된다. 그리고 2006년에는 UN 사무총장에 임명되어 2009년 현재 임무를 훌륭하게 수행하고 있다.

고려 장군 서희의 대를 이어 한국을 대표하는 외교전문가로는 반기문 UN 사무총장이 적임자가 아닐까 생각한다. 사람들은 우스갯소리로 충청도 촌놈이 세계의 평화를 위해 일하는 큰 인물이 됐다고 하는데, UN 사무총장이 전통적으로 대륙별 지역 안배를 통해 이루어지는 점을 고려하더라도 반기문 사무총장은 국가와 민족의 자랑이 아닐 수 없다.

실제로 반기문 사무총장의 외교력은 이미 그가 외교부에서 일하던 시절부터 정평이 나 있었는데, 북한 노동당 비서를 지냈던 황장엽 씨의 망명 당시에도 중국과 필리핀을 오가며 외교밀사로서 물밑작업을 펼쳐 무사히 망명을 성사시킨 주요 인물이기도 했다. 또한 대표적인 미국통으로 미국의회와 행정부에 다양한 인맥을 두루 알고 있으며 돈독한 관계를 유지하는 것으로도 유명하다.

그러나 그의 능력과 전문성은 한국이라는 무대에만 있기에는 더 보여줄 것이 많았던 것이다. 2006년 10월 UN 사무총장 후보에 단독으로 추대되면서 이제 반 총장은 우리나라의 국익만을 위해서가 아닌 전 세계의 평화와 안정 그리고 기후변화로부터 지구를 지켜내는 일까지 매우 다양한 일을 하고 있다.

특히 나는 개인적으로 과거 사무총장들이 수많은 전쟁과 내전에 대한 평화중재 등으로 그 업적을 쌓았던 것과는 달리 반 총장은 지구온난화에 대한 다양한 합의도출·제도정착 등으로 인류역사에 길이 남을 중요한 초석을 공고히 할 것으로 믿는다. 실제로 반

총장이 일을 시작한 이후 지구온난화가 UN의 최우선 과제가 될 정도로 온난화 문제는 가장 시급한 사안으로 다루어지고 있으며 온난화에 미온적으로 대처한다면 인류가 커다란 재앙에 곧 직면하게 될 것임을 끊임없이 경고하고 있다.

끝으로 반 총장이 2006년 UN 총회에 참석한 학생들에게 자신의 꿈과 성장 그리고 UN의 극적인 도움에 대해 언급한 이야기를 통해, 그가 국가를 대표하는 훌륭한 외교관에서 세계를 대표하는 UN 사무총장이 됐던 운명적 연결고리를 한번 생각해보자.

"이 건물에서 이루어진 결정으로 인해 우리나라는 평화롭게 성장하고 번영할 수 있었습니다. 그리고 한국의 한 시골 소년이 국가의 높은 외교관으로 성장하고 결국 UN의 사무총장까지 될 수 있었습니다."

반기문. 그는 과거 우리나라가 UN으로부터 받았던 소중한 도움을 다시 UN을 통해 세계 각국에 돌려주고 있는 최고의 외교전문가다.

지금까지 전문가형 인물들에 대해서 살펴봤다. 인물 개개인이 모두 탁월한 능력과 훌륭한 업적을 보유하고 있다. 그러나 여러분도 얼마든지 가능하다. 세계의 평화와 국가의 운명을 구할 만큼 뛰어난 능력이 있어야만 전문가형 능통을 할 수 있는 것은 아니다. 여러분의 일터에서 가정에서 얼마든지 전문가가 될 수 있고 능통할 수 있다.

가정에서는 사랑의 전문가가 되자. 배우자와 자녀, 부모와 형제를 생각하고 그들과 화목한 가족이 되는데 최선을 다하자. 일터에서는 인간관계와 일의 전문가가 되자. 지나친 경쟁으로 인간관계를 해치지 말고 도움을 주고받으며 선의의 경쟁을 하자. 어려울 때는 위로가 되어주고 협력을 통해 공동의 목표를 달성하자. 일에 있어서도 마찬가지이다. 상사가 시켜서 하는 일, 먹고살기 위해 하는 일, 매일 똑같은 일이라고 생각하지 말고 일하자. 일터가 있어서 행복하고 일이 있어서 행복하다는 것을 가슴 깊이 느껴보자. 프랑스의 작가 까뮈는 이렇게 말했다. "일이 없다면 인간은 점점 피폐해진다." 어차피 해야 할 일이라면 새로운 마음으로 하고 남들과 다른 방법으로 해보자.

자장면 배달은 오토바이만 타면 누구나 쉽게 할 수 있는 일이다. 그러나 고려대학교에서 유명했던 일명 '번개'는 남들과 다르게 배달했다. 어차피 해야 할 일, 별로 대단하지도 않은 철가방 일이라고 생각할지 모르지만 남들과 다르게 함으로써 그는 전문가가 됐다. 그는 최고의 철가방 전문가가 된 것이다. 한때 주민등록이 말소되어 곤욕을 치르긴 했지만 지금은 새롭게 재기하여 강사활동을 열심히 하고 있다. 전문가는 이렇게 마음먹기에 따라, 행동하기에 따라 얼마든지 가능하다.

한국은 OECD 국가 중 업무만족도가 가장 낮은 국가다. 하지만 전문가가 되고자 하는 마음을 갖는다면 여러분은 일과 일터에서 만족하며 자기 분야에서 최고가 될 수 있다. 얼마든지 소통하고 능통할 수 있다. 자, 한번 해보자. 전문가로 거듭나서 능통해보자.

이타형 Altruist type
알베르트 슈바이처 · 넬슨 만델라 · 장기려

 이타형 소통을 하는 사람들의 공통점은 그들이 모두 개인의 이익보다 대중의 권익과 정의를 더 소중하게 여긴다는 것이다. 그들은 타인의 고통을 자신의 것으로 받아들이고 많은 사람의 평화를 위해 봉사하는 삶을 선택한다.

 봉사를 실천하고 소중한 것을 나누는 대부분의 사람은 행복이 어떤 것이며 소통이 무엇인지 이미 이해하고 있는 것이다. 나의 안위와 이익보다 타인의 고통과 불행에 손을 내미는 사람들 그리고 그것을 삶의 중심원리로 삼고 평생 실천하는 사람은 자기 자신은 물론 타인과 훌륭하게 소통하는 것이다. 이런 이타형 소통은 사랑의 실천과 봉사 그리고 희생의 원리로 더 큰 사랑과 평화를 만들어 간다. 지금부터 이타형 소통을 이룬 인물들을 살펴보고 그들의 행적과 노력에 귀를 기울여보자.

아프리카 밀림의 성자

알베르트 슈바이처 Albert Schweitzer(1875. 1. 14~1965. 9. 4)는 독일 사람으로 아프리카에서 평생 의료봉사를 하며 살다간 훌륭한 의사였다. 그러나 그는 이미 신학 연구 분야에서 세계적인 인정을 받은 학자였으며 오르간 연주자로도 뛰어났다. 특히 그는 바흐 음악을 해석하는 데 독특한 감각이 있어 바흐 음악에 대한 책을 집필하기도 했다. 이때까지 슈바이처는 의사가 아니라 유명한 신학자이자 능력 있는 연주자였다.

그러던 어느 날 슈바이처는 운명처럼 봉사하는 삶을 선택한다. 그는 가난하고 병들고 굶주린 아프리카 사람들에게 실질적인 도움을 주고 싶었다. 그러나 신학 강의와 오르간 연주는 피부에 와 닿는 도움이 될 수 없었다. 그래서 그는 의사가 되기로 결심한다. 이미 다 쌓아놓은 명성과 잘 닦여진 고속도로가 앞에 펼쳐져 있었지만 그는 굳이 자갈밭을 맨발로 걸어가고자 했다. 그리고 의학 공부에 매진해 결국 의학박사가 된 후 아프리카 가봉으로 봉사의 삶을 실천하기 위해 떠난다. 처음에는 닭장을 개조해서 병원으로 사용했고 차츰 봉사활동을 확대하며 한센병 환자를 위한 거주지를 세우기도 했다. 또한 병원의 운영자금을 마련하기 위해 몇 년에 한 번씩 유럽으로 돌아와 강연과 연주회를 통해 자금을 마련했다고 하며 주변에 봉사활동을 직접적으로 도와주는 많은 의사가 모였고 지역주민들의 봉사가 합쳐져 성공적인 활동을 이어나갔다. 1952년에는 노벨평화상을 받았으며 이후 반핵운동을 펼쳤고 집필활동과 학문연구도 쉬지 않고 했다. 슈바이처는 꺼지지 않는 열정으로 가득 찬 사람이었으며 타인을 위한 봉사와 자신을 위한 노력을 게을리 하지 않는 사람이었다. 그는 다재다능했지만 겸손했고 보장된 미래가 있었지만 애써 더 힘든 길을 선택했다. 그러나 그는 누구보다도 행복했으며 고통받고 어려운 사람들에게 도움을 주는 일을 평생의 과업으로 삼았다. 슈바이처, 그는 모든 생명에 대한 경외와 사랑의 실천을 통해 우리의 가슴속에 꺼지지 않고 계속 타오르는 고귀한 존재로 남아 있으며 여전히 소통하고 있다.

자유와 평화·인권을 위해 먼 길을 마다하지 않는 사람

2007년 제네바에서 열린 제71차 유엔 인종차별 철폐위원회CERD에서 넬슨 만델라Nelson Rolihlahla Mandela(1918. 7. 18~)는 "한국이 단일민족을 고수하고 순혈주의를 강조하는 것은 한국에 거주하는 다양한 인종 간의 이해와 우호증진에 방해가 될 수 있다"라고 지적하고 적절한 조치를 취해줄 것을 권고했다. 실제로 나의 아버지 세대만 하더라도 흑인을 '검둥이'라고 부르는 어른들이 많았다. 지금은 그런 식의 차별적 단어를 사용하지는 않지만, 코리안 드림을 갖고 한국인이 기피하는 3D업종에서 고군분투하는 동남아 노동자와 가족 그리고 혼혈인에 대한 편견과 적대감은 아직도 우리의 정서에 많이 남아 있다.

역사적으로 볼 때 흑과 백의 갈등, 아니 흑인에 대한 백인의 차별은 오랜 시간을 통해 형성되어 왔다. 그중 남아프리카공화국의 인종차별 역시 그러하다. 남아공의 인종차별은 '아파르트헤이트 Apartheid(아프리카어로 분리와 격리)'라고 불리는 차별정책과 그 역사를 같이하는데, 우선 1913년에는 흑인들에게 척박한 일정 부분의 땅만을 인정하고 그 이외에 땅에 대해서는 소유와 임차를 모두 금지하는 토지법Land act이 만들어진다. 그리고 1936년에는 흑인의 선거권이 박탈되었으며, 1949년에는 다른 인종 간의 결혼을 금지하는 인종간통혼금지법이 제정되었고, 1950년에는 인구등록법을 통해 남아공의 모든 국민을 4종류의 인종으로 분류해 차별을 더욱 강화했다. 그리고 1960년에는 백인거주지역에 흑인이 함부로 다닐 수 없는 통행법에 반대하는 흑인시위대가 경찰에 의해 69명이나 사망하는 '샤프빌 학살' 사건이 일어난다.

이때까지 줄곧 평화운동을 진행해오던 넬슨 만델라는 샤프빌 학살사건을 계기로 폭력투쟁으로 노선을 바꾼다. 그리고 1964년 폭력투쟁을 지도했다는 명목으로 체포되어 종신형을 선고 받고 27년간 복역한다. 그러나 옥중에 있을 때에도 만델라는 세계인권운동의 상징으로 굳건한 존재감을 지니고 있었으며 세계 평화와 인권을 상징하는 다양한 국제상을 수상하기도 한다. 이후 1990년 석방이 결정되고 1991년 아프리카민족회의ANC의 의장으로 선출되어 백인정부와 극적인 협상을 통해 수백 년에 걸친 인종분규를 종식시킨다. 또한 그 공로로 노벨평화상을 수상했으며 1994년 5월에는 남아프리카의 대통령으로 선출되어 통합정부를 구성하고 남아공의 평화와 인종차별을 헌신했다.

남아프리카 공화국의 인종차별철폐와 평화를 위해 종신형을 살아야 했던 비운의 복역수에서 인종분규의 종식과 차별철폐를 실행한 대통령으로, 넬슨 만델라는 변화의 삶을 살며 국민의 평화와 자유를 위해 자신의 목숨을 거는 데 주저하지 않았다. 그는 이타적인 삶을 살며 남아공의 국민과 소통했고 인류와 소통했으며 지금도 살아 있는 인권운동의 상징으로 우리와 소통하고 있다.

끝으로 넬슨 만델라의 자서전《자유를 향한 머나먼 길Long walk to freedom》에 나오는 한 구절을 통해 그의 마음과 소통해보고자 한다.

"모든 인간의 마음속에는 자비와 관용이 있다는 점을 나는 항상 알고 있었다. 피부 색깔이나 가정 배경과 종교 때문에 다른 사람을 증오하도록 태어난 사람은 아무도 없다. 사람들은 증오를 배울 수 있다. 그리고 사람들이 증오를 배운다면 사랑도 배울 수 있다. 왜냐하면 인간의 마음에서 사랑은 그 반대보다 훨씬 더 본성적이기 때문이다. 인간의 착함이란 가려 있으나 결코 꺼지지 않는 불꽃이다."

사랑과 봉사를 실천한 위대한 의사이자 성인

장기려張起呂(1911~1995. 12. 25)는 슈바이처만큼 사람들에게 널리 알려지지는 않았지만 언제부터인가 우리 아이들의 위인전에도 등장하기 시작했다. 많은 사람이 장기려 선생의 봉사하는 삶·실천하는 삶을 알아간다는 것은 여간 뿌듯한 일이 아니다.

그럼 장기려 선생의 이타적인 삶에 대해 한번 살펴보자. 1911년 평안북도에서 출생해 1932년 경성의과전문학교를 졸업한 후 평양대학 교수까지 역임했다. 이후 6·25 전쟁이 발발하자 아내와 5남매와 헤어져 차남만 데리고 월남한다. 그리고 바로 부산에 천막을 치고 가난으로 제대로 된 치료를 받을 수 없는 사람들을 위한 의료봉사를 시작한다. 이후 본격적인 무료진료를 위해 1958년에는 행려병자 진료소를 차려놓고 무료진료를 하기도 했다. 1968년에는 국내 최초의 의료보험조합인 '청십자의료보험조합'을 설립, 가난한 서민을 위한 조직을 만들었으며 1979년에는 사회공헌과 봉사에 대한 공로로 '라몬 막사이사이 사회봉사상'을 수상했다.

평생 무소유의 삶을 실천했던 장기려 선생은 집 한 채 소유하지 않았던 것으로도 알려져 있다. 또한 마음이 어질고, 가난한 사람들의 편에서 생각하는 마음이 깊어 길에서 만난 거지에게 줄 돈이 없자 수표를 선뜻 건네주기도 한 일화와 병원비가 없는 환자들을 직원들 몰래 뒷문을 열어주어 도망하게 한 일 등, 그의 인간미와 애틋함은 끊임없이 인구에 회자되고 있다. 월남 이후에는 평생 북에

경기가 어려워도 나눔을 실천하는 곳이 여전히 존재한다. - 종묘 옆 무료급식소 앞에 끝 없이 줄지어 선 사람들.

두고 온 부인을 그리워하며 독신으로 지냈고 정년으로 병원장에서 물러난 이후에도 병원 옥탑방에 생활하면서 봉사를 실천했다고 한다. 그리고 1995년 12월 25일 세상과 이별을 고하게 된다. 장기려 선생을 두고 춘원 이광수는 '바보 아니면 성인'이라고 불렀다고 하니, 그가 남들이 생각하는 평범한 삶보다는 가난하고 어려운 사람을 위해 얼마나 헌신하고 봉사했는지 충분히 짐작할 수 있다.

장기려, 그는 자신의 일생을 도움이 필요한 사람들을 위해 헌신하다 살다간 바보였는지 모른다. 그러나 그는 대한민국 국민이 가슴 깊이 담아두기에 차고 넘칠 만큼 큰 사랑과 봉사를 실천한 위대한 의사이자 성인이었다.

이타형의 인물들은 그들이 가진 전부를 내가 아닌 남을 위해 사

남을 위해 봉사하고 헌신하는 천사들이 있어 흐뭇하다. - 무료 급식소 앞 자원봉사자들이 열심히 쓰레기를 치우고 있다.

용하는 사람들이며 그로 인해 능히 소통하는 사람들이다. 그러나 이타형 능통이 여러분이 가진 재산을 전부 헌납하고 인생의 중대 결정을 내려야만 가능하다고 생각할 필요는 없다. 당장 자원봉사를 신청하지 않아도 좋고, 정기적인 기부금을 내지 않아도 좋다. 다만 나 자신과 가족만을 위해 헌신하는 사람에서 시야를 조금 넓혀 주변의 사람들을 둘러보는 작은 행동부터 시작해보자.

나만의 주파수에만 세상을 맞추지 말고 타인의 소리에 귀 기울여보자. 사람은 남이 바위에 눌려 고통스럽게 비명을 지르는 것보다 자기 손톱 밑에 들어간 가시가 더 아프다고 느끼는 존재다. 그러나 시야를 조금만 타인에게 돌려주면 나의 삶이 풍요로워지고 타인과의 소통도 쉽게 찾아온다. 무거운 짐을 들고 있는 노인을 도와드리고, 이웃에게 가볍게 인사를 하고, 일하고 있는 동료에게 커피 한 잔을 타주고, 상사나 부하직원의 입장에서 생각해보자. 일상에서는 책이나 옷을 깨끗하게 사용한 후 기부하는 것도 좋다. 어렵게 살고 있는 사람들에게 눈을 돌리면 지금 내가 가진 것에 감사하게 되고 살아 있다는 것에 감사하게 되고 세상이 아름답게 보인다.

이타형은 타고난 사람만이 되는 것이 아니다. 관심과 눈길의 범위를 조금만 다양하게 갖는다면 누구나 타인을 생각하는 따뜻한 가슴을 가진 이타형 인물이 될 수 있으며 소통은 덤으로 따라올 것이다.

극복형 Overcomer type
스티븐 호킹 · 폴 포츠 · 이희아

대부분의 사람은 자신이 가진 것에 감사하기보다는 더 가질 수 없음에 안타까워한다. 부자 아빠 · 넉넉한 형편 · 고급차 · 넓은 집 그리고 잘생긴 얼굴과 S라인 몸매는 언제나 부러움의 대상이다. 그러나 꼭 그렇게 많이 가지고 있다고 해서 행복한 것은 아니다. 또한 하루아침에 돈벼락을 맞는 것도 행복과 직결되지는 않는다. 실제로 복권당첨자들을 대상으로 조사한 여러 결과를 보면 그들이 복권 당첨 이후 오히려 더 불행해졌다고 느끼고 있으며 당첨 이전처럼 자유롭게 생활하지 못하는 불편을 겪고 있다고 한다.

그래서 행복은 사람들이 설정해놓은 물질에 기준을 두었을 때보다는 의미 있는 목표를 소유하고 그것을 추구하는 과정에서 발생한다고 볼 수 있다. 지금 소개하고자 하는 사람들은 모두 불행과 어려움을 극복하고 의미 있는 목표를 추구함으로써 남들이 불가능할 것이라고 생각했던 일을 해낸 장본인들이다. 그들은 자기 자신과의 소통을 통해 꿈을 포기하지 않고 추구했으며 그로 인해 자신은 물론 다른 많은 사람에게 할 수 있다는 의지와 희망을 불어넣어 주는 사람들이다. 이러한 극복형 소통의 특징은 현실의 어려움을 스스로 극복하고 불굴의 의지로 사람들을 감동시킴으로 끊임없이 소통한다는 것이다.

휠체어에 앉아 우주를 유영하는 100년의 천재

스티븐 호킹Stephen William Hawking(1942. 1. 8~)의 공식 홈페이지에 방문해보면 그에 대한 간단한 소개가 나와 있다. 호킹의 아버지는 호킹이 약학을 선택하길 바랐지만 그는 물리학을 선택해 옥스퍼드 대학에 입학한다. 그리고 큰 어려움 없이 3년 후 자연과학 분야의 최고등급을 따내고 우주학Cosmology 연구와 박사과정을 위해 케임브리지 대학으로 간다. 이때 나이가 겨우 스무 살이었다고 하니 그의 천재성이 엿보이는 부분이라고 말하지 않을 수 없다.

그런데 그에게 문제가 찾아오기 시작했다. 케임브리지 대학으로 옮겼을 때만 해도 그는 조정선수로 활약할 만큼 강건했다고 한다. 그런데 이유 없이 자꾸 넘어지는 문제로 병원을 찾았을 때 그는 청천벽력 같은 소리를 듣게 된다. 그것은 그가 앓는 병이 온몸의 근육이 서서히 마비되어 죽음에 이르게 되는 '루게릭병'이라는 것과 길게 살아야 2~3년이라는 것이었다. 스물한 살, 꽃다운 나이에 사형선고를 받은 셈이다.

모든 것이 절망적이었지만 그는 다시 마음을 가다듬고 아인슈타인이 예견한 우주 특이점의 존재를 증명하는 논문으로 23세에 박사학위를 따낸다. 그런 후 1977년에는 케임브리지 대학의 정교수가 되었고 1988년에는 우리가 잘 아는 《시간의 역사》를 출간해 세계적인 베스트셀러가 되었다. 제2의 아인슈타인으로 불리며 빅뱅이론·블랙홀 증발·양자중력론 등 천재적인 학문적 업적을 이루어놓았다. 그러나 그 사이 병세는 점점 악화되어 성대를 제거하는 수술을 받아 말을 할 수 없으며 오른쪽 손가락 두 개 정도만 겨우 움직이는 상태다. 하지만 그는 2~3년밖에 살지 못할 것이라는 절망을 뒤집고 현재 67세가 되었다.

휠체어를 타고 있지만 끊임없이 달려가는 천재, 말을 할 수는 없지만 끝없이 우주와 이야기하는 사람, 손가락 두 개만 움직일 수 있지만 많은 사람의 마음을 움직이는 능력. 이 모든 것이 스티븐 호킹이 자신과 세상 그리고 우주와 소통하는 방식이다. 우주에 대한 그의 열정 앞에 살아가면서 점점 가중되는 고통과 장애는 절망이 아니라 오히려 희망이었다.

마지막으로 2006년 이스라엘 채널2의 토크쇼에서 스티븐 호킹이 많은 사람에게 영감을 불어넣어 줬던 의미 있는 말을 적어본다.

"인생이 제아무리 나빠 보여도 당신이 할 수 있는 것이 있고 또 성공할 수 있는 것이 있습니다. 삶이 있는 한 그곳에는 희망도 있습니다."

준비된 자에게 기회가 온다는 것을 알려준 못생긴 세일즈맨

폴 포츠Paul Robert Potts(1970. 10. 13~)는 남부 웨일즈에서 휴대폰을 판매하는 세일즈맨이다. 외모가 못생겨서 왕따를 당하기도 했으며 말투는 어눌해서 멍청하다는 생각이 들 정도인 인물. 그러나 그가 남보다 뛰어난 점이 있었으니, 그것은 바로 오페라에 대한 관심과 열정이었다.

폴 포츠는 어렸을 때부터 노래 부르기를 좋아했으며 클래식과 오페라 듣기를 즐겼지만 제대로 된 성악교육을 받은 적도 없고 관련학과를 졸업하지도 못했다. 단지 자비를 들여 이탈리아 오페라 학교의 단기과정을 수료한 것이 전부였다. 그렇게 의지 하나로 오페라 가수를 흉내 내고 연습하면서 남몰래 실력을 쌓아나갔다. 가장 존경하는 인물은 루치아노 파바로티였으며 그도 언젠가는 파바로티처럼 멋진 사람이 될 수 있을 것이라는 꿈을 버리지 않았다.

그러다 폴의 건강에 문제가 생겼다. 다행히 양성이었지만 몸속에 있는 거대한 암 덩어리를 제거하는 수술을 받아야 했다. 또 교통사고로 성대를 다쳐 노래를 영영 못 부르게 될지도 모르는 위기에 처한다. 게다가 건강 문제와 사고로 일을 오랫동안 하지 못해 빚도 산더미처럼 불어났다.

그러나 암과 교통사고, 늘어만 가는 빚도 폴의 꿈을 좌절시키기에는 부족했다. 그는 휴대폰 판매원으로 열심히 근무하며 기회의 날을 기다린다. 그리고 자신의 모든 바람과 희망을 더해 2006년 영국의 유명 TV프로그램 〈브리튼스 갓 탤런트 Britain's got talent〉에 출연한다.

심사위원들이 폴을 처음 본 순간의 반응은 냉랭했다. 한 심사위원이 "여기 무엇을 보여주려고 오신 거죠?"라고 물었다. 그러자 폴은 "오페라를 부르려고요."라고 대답한다. 모두 미심쩍은 표정을 지었다. 허름한 옷차림에 잘생기지 못한 외모 그리고 왠지 주눅이 든 듯한 폴의 표정에서 어떤 재능을 예감하기란 쉽지 않았을 것이다. "그럼 한번 들어보죠."라는 말이 떨어지고 곧 반주가 시작됐다.

그리고 그다음부터는 심사위원과 방청객 모두를 소름 돋게 만들어버린 그의 어마어마한 감동의 노래가 시작된다. 푸치니의 오페라 〈투란도트의 아리아-공주는 잠 못 이루고〉는 폴 포츠의 굵은 목과 발달된 성대를 통해 스튜디오에 깊고 강하게 퍼져나갔다. 노래가 끝나자 누가 먼저라고 할 것도 없이 기립박수가 이어졌고 심사위원들은 아연실색하며 거대한 스타의 등장을 크게 환영했다.

"저는 하고 싶은 일을 평생 하면서 살고 싶어요. 그리고 항상 가수로서 노래 부르는 것을 꿈꿨습니다."

폴은 늘 그렇게 말해왔다. 그리고 그의 꿈이 마침내 이루어졌다. 그의 동영상은 유튜브에 올라간 지 9일 만에 무려 1000만 명이나 보았으며 2007년에는 그의 첫 앨범이 발매되었다.

사람들은 폴 포츠의 경우를 보고 '인생역전', '대박'이라고 표현할지 모른다. 그러나 준비되지 않은 사람에게 기회는 스쳐가는 바람에 불과하다. 만약 폴이 자신의 환경과 주어진 조건을 탓하고 절망했다면 절대로 꿈을 이룰 수 없었을 것이다. 그는 주변의 따돌림과 열등감을 극복하고 노래를 통해 자신과 소통했으며 더 많은 사람과 여전히 소통하고 있다.

네 개의 손가락으로 88개의 건반을 주무르는 천사

이희아(1985년생, 피아니스트)는 선천적 장애로 인해 남들과 다른 모습을 가지고 태어났다. 양발의 무릎 이하가 없으며 양손에는 각각 손가락이 두 개씩만 있다. 게다가 왼손의 손가락 두 개는 관절이 없어 굽혀지지 않는다. 그런데 그녀는 세상을 깜짝 놀라게 할 만큼 뛰어난 피아니스트다. 손가락 네 개로 연주하는 것이라고는 믿기 어려운 정도로 뛰어난 연주 실력을 갖추고 있다. '얼마나 노력을 했을까? 또 얼마나 힘들었을까?' 하는 생각이 교차한다.

그녀의 일기를 책으로 옮긴 《네 손가락의 피아니스트 희아의 일기》에 보면 그녀가 태어난 배경과 가족사 그리고 투병기 등이 잘 묘사되어 있다. 내용을 요약하면 이렇다.

이희아의 아버지는 육군 소위였다. 그런데 도주하는 간첩을 추격하던 중 차량이 전복되면서 척추손상으로 하반신이 마비된다. 그렇게 휠체어에 앉아 절망의 시간을 보내다가 지금 희아의 어머니를 만나게 된다. 희아의 어머니는 보훈병원의 간호사였던 것이다. 둘은 사랑하는 사이로 발전하게 되고 평생을 같이하는 인연을 맺게 된다. 그리고 둘 사이에 사랑하는 아이가 탄생한다.

하지만 척추장애인이 아이를 갖는 것은 거의 불가능했기 때문에 희아의 어머니는 아이를 갖게 될 것이라고는 상상도 못 했다. 그러던 어느 날 몸이 계속 피곤하고 아파 감기약을 오랫동안 지어 먹었는데 그 후에 뒤늦게 임신사실을 알게 되었다. 부리나케 병원을 찾았지만 초음파 검사를 통해 살펴본 아이의 모습은 정상이 아니었다. 손가락과 다리가 모두 자라다 말거나 없었기 때문이었다. 그러나 그녀의 어머니는 아이를 지우지 않기로 결심한다. 고귀한 생명을 인간의 뜻대로 지울 수 없다는 종교적인 이유도 강했다. 그렇게 태어난 아이가 바로 이희아다.

장애로 인해 어린 시절을 거의 병원에서 살다시피 하면서 자라난 그녀는 손가락 힘이라도 키워보자는 생각에 피아노를 시작하게 된다. 그리고 엄마의 노력과 보살핌 그리고 본인의 재능과 피나는 노력으로 전국 학생 음악 연주 평가대회에서 최우수상을 수상하며 두각을 나타내기 시작한다. 이후 우리나라를 비롯해 일본 그리고 세계 각국에 이희아의 가슴 뿌듯한 이야기가 전해졌다.

"장애는 조금 불편할 뿐이지 불행한 것은 아니다."라고 말했던 《오체불만족》의 저자 오토다케 히로타다처럼, 이희아 역시 언제나 밝고 긍정적이었으며 주어진 조건과 장애를 이유로 절망하지 않았다. 이제 그녀도 어느덧 스물다섯의 숙녀가 됐다. 이희아는 네 개의 손가락으로 88개의 건반을 주무르는 뛰어난 피아니스트이자 장애를 극복하고 사람들 앞에 당당히 선 의지의 여인으로 세상과 소통하고 있다.

극복형 인물들이 우리에게 알려주는 바는 매우 명확하고 강렬하다. 세상을 살아가는 사람이면 누구나 자신의 상황이 어렵고 남다른 고충이 있다고 말한다. 그러나 그럴 때마다 우리는 극복형 인물들을 생각해보아야 할 것이다. 낙담이나 좌절 없이 살아갈 수는 없겠지만 부정적인 감정은 짧은 시간에 끝내고 에너지 넘치는 삶을 지향해야 할 것이다. 고난은 우리를 주저앉히려고 존재하는 것이 아니라 자아와 능히 소통하고 세상과 소통할 수 있는 좋은 기회일 뿐이다.

Part 5 능통의 자아
나와 자아는 능히 통하고 있는가

 ## 불통의 자아(벽·Wall)
자신과 소통하지 못하면 삶의 주인이 될 수 없다

앞서 우리는 자신이 보유하고 있는 특별한 재능, 즉 '능통의 힘'을 통해 자기 자신뿐만 아니라 세상과 소통하는 다양한 유형과 사례를 살펴보았다. 그럼 이제 어떤 유형의 소통을 할 수 있으며 어떤 노력을 기울여 능통으로 발전시켜야 할지 자신에게 직접 물어보고 답을 구해보자. 소통이든 능통이든 그것의 시작은 자기 자신부터이기 때문이다. 즉 자아와의 소통이 먼저인 것이다.

그리고 내 안의 자아와의 소통이 왜 중요한지 알아보자. 또한 소통 부재로 인한 다양한 현상과 해결안에 대해서도 살펴보기로 하자. 그래서 우선 '불통의 자아'가 가진 문제점을 파악하는 것부터 시작한다.

사서삼경四書三經 의 하나인 《대학大學》에는 '수신제가치국평천하修身齊家治國平天下'라는 말이 등장한다. 국가도 천하도 결국 나 자신을 제대로 세우는 것으로부터 출발한다. 자기 자신과 원활하게 소통하지 못하면서 누군가와 소통하기를 원한다면 그것은 모순이다. 내가 어떤 사람이고 내가 무엇을 희망하며 어떤 일을 잘할 수 있는지조차 파악하지 못한 상태에서 남과 소통하기를 원한다면 백전백패에 그칠 수밖에 없다.

나 자신과 소통하지 못한다는 것은 나를 객관적으로 평가하지 못한다는 것, 나의 강점과 약점을 모른다는 것이며 결국 내가 무엇을 원하고 있는지 또 나의 꿈은 무엇인지조차 알지 못하기 때문에 불행하다는 말이다. 그래서 소통의 출발점은 자기 자신과 통하는 것이다.

자기 자신과 소통하지 못하는 사람은 대개 다음과 같은 특징이 있다.

첫째, 무의미하고 단조로운 삶을 산다.
둘째, 인생의 좌표가 없고 꿈조차 남을 따라 한다.
셋째, 세상과 고립되고 단절된 자아를 가지고 있다.
넷째, 염세적이고 부정적인 생각으로 행복하지 못하다.

자기 자신과 소통해야 하는 이유는 모든 소통의 기초가 바로 자기로부터 출발하기 때문이다. 내가 나를 사랑하고 내 삶의 주인이 될 수 있을 때 비로소 세상과 소통할 수 있다. 한마디로 존재감과 통한다고 할 수 있다. 존재감이 없는 사람은 자신에게서 행복을 느끼지 못하고 자기 자신을 하찮게 여기며 사회적 관계 또한 제대로 맺을 수 없다. 그래서 자기 자신과 소통하는 것이 무엇보다 중요하다. 자신과 소통하면 중심이 서고 결단을 내릴 수 있는 용기가 생긴다. 그러나 자신과 소통하지 못하면 우왕좌왕 흔들리고 남을 따라 하다 낭패를 보거나 세상 탓만 하게 된다.

중국 사마광司馬光이 항아리를 깨부순 이야기를 한번 해보자. 한 아이가 물이 가득 찬 항아리 위에서 놀다가 그만 항아리 안으로 빠지고 말

왔다. 이를 보던 사람들은 큰일 났다며 허둥지둥 우왕좌왕하고 있었다. 이때 사마광은 조금의 지체도 없이 커다란 돌로 항아리를 그대로 부숴버렸다. 항아리가 깨지고 순식간에 물이 터져나오자 아이도 함께 나왔다.

결단이란 이런 것이다. 알고 보면 별것도 아닌 일이지만 주저 없이 할 수 있는 용기와 옳고 그름의 명확한 기준이 없다면 다른 사람들처럼 발이나 동동 구르고 당황하다가 시기를 놓치기 십상이다. 자기 자신과의 소통은 중심이 서게 하고 결단을 내릴 수 있는 용기를 준다. 자신과의 소통을 잘하게 되면 어느덧 '능통의 자아'를 갖게 되니 매사에 두려움이 없어진다.

그러나 우리 주변에는 자신과의 소통에 서투르거나 실패하는 일이 점점 늘어가고 있다. 자아와 불통하게 되니 어느덧 '불통의 자아'가 형성되고 존재감도 사라진다. 그것은 개인의 문제에만 국한되지 않고 사회적 문제로 확대된다. 자기 삶의 주인 자리에서 밀려나는 사람들이 많은 사회에선 능통은커녕 기본적인 소통도 어려워지니 사회가 병들지 않을 수 없다. 사회를 구성하는 기본 인자는 개인이고, 개인의 중심은 자아 아닌가. 사회를 구성하는 개인이 내면의 자아와 불통한다면 그 사회의 미래는 뻔하다. 그래서 우리는 '불통의 자아'가 낳는 사회문제 내지 보이지 않는 벽에 대해 주목해야만 한다.

집단동조
꿈도 유행처럼 남을 따라 한다

자신과의 소통에 실패하고 불통의 자아가 형성되어 세상과 통하지 못하게 되는 문제적 현상을 일종의 벽wall이라고 할 수 있다. 지금부터 몇 가지 '불통의 자아' 벽—문제적 사례들을 살펴보자. 첫 번째 벽은 바로 '집단동조'다.

아이들에게 장차 미래의 꿈이 무엇이냐 물어보면 대개는 물어보는 시기에 따라 계속 바뀐다는 것을 알 수 있다. 아이들은 어른들이 생각하는 것만큼 구체적인 꿈 플랜이 아직은 부족할 수밖에 없다. 주로 자신이 좋아하는 사람을 닮고 싶다거나 부모 혹은 가족으로부터 많은 영향을 받아 즉흥적으로 대답하는 경우가 많다. 그런데 어른들, 정확히 말해 법적으로 미성년의 나이가 훨씬 지난 상태에서도 아이들처럼 일관성 없이 기분에 따라 꿈이 계속 바뀌는 사람들이 많다.

물론 자신의 목표와 꿈은 얼마든지 수정 가능하다. 그러나 문제는 그것이 자기주관성에서 비롯된 것이 아니라 유행과 잘못된 기준에 흔들리며 수시로 바뀐다는 데 있다. 자기 자신과의 소통이 부족하면 자신이 무엇을 하고 싶은지 그리고 무엇을 잘할 수 있는지에 대한 판단마저 흔들리게 된다. 그래서 결국 남들이 선택하는 방향으로 움직이게 되고 이렇게 자기 기준 없이 유행에 따라 미래를 선택하게 되면 잘못의 원인은 세상과 타인의 탓으로 돌아가기 쉽다. 결국 이런 일들이 쌓이게 되면 행복한 삶을 살기보다는 불만족스럽고 불행한 삶을 살게 되는데 그 원인은 이 사회나 남들이 아닌 바로 자기 자신에게 있다는 것을 반드시 인지해야 할 것이다. 남들이 제시하거나 전망하는 것이 참고사항이 될 수는 있을지언정 절대적인 선택의 기준이 되어서는 곤란하다.

1990년대 중반 모 경제연구원에서 미래에 수요가 감소 혹은 증가할 것으로 예상하는 직업을 제시한 적이 있다. 그 중 은행원과 공무원은 인기가 계속 하락할 것으로 예상했으나 실상은 그렇지 않았다. 10여 년이 지난 지금도 공무원 시험 경쟁률은 수십 대 일을 넘어서고 있고 은행원은 아직도 높은 임금으로 인해 매력적인 직업으로 존재하고 있다.

이 외에 만화가 · 분장사 · 음반기획자 · 관광통역가이드 · 피부

미용사 등이 인기직종으로 자리 잡을 것이라고 했으나 아직도 열악한 근무환경과 낮은 보수 그리고 직업 안정성이 부족한 상태이다. 이 중 음반기획자의 경우에는 아이러니하게도 음반시장 자체가 1990년대 중반 정점을 친 이후 해마다 감소해 2004년에는 당시의 3분의 1 정도로 추락한 상태다.* 또한, 온라인 시장이 확대되기는 했으나 정체기에 놓여 있어 음반기획자들은 과거보다 훨씬 낮은 수준의 수익을 기대할 수밖에 없게 되어버렸다.

예상과 전망은 어디까지나 현실에 기초한 추정치일 뿐이다. 그러므로 신이 아니고서야 미래를 정확히 맞출 수는 없다. 그러므로 자기 자신의 꿈과 미래는 전적으로 자신이 고민하고 숙고한 끝에 내려야 하며 끊임없는 자기계발을 통해 단계적으로 실현해나가야 한다. 유행처럼 남을 따라 하다 또 바꿔버릴 수 있는 것이 아니다.

나 또한 비슷한 경험이 있다. 1990년대 중반에는 대학 졸업생들에게 '토익시험 점수가 700점을 넘으면 어떤 기업, 800점을 넘으면 어떤 기업의 필기시험에는 무조건 합격한다.'는 공식과 소문이 있었다. 그러니 졸업을 목전에 둔 4학년 예정자 중에는 1년 동안 다른 학과공부는 다 제쳐놓고 영어시험 준비에만 몰두하는 사람들이 상당수 있었다. 무조건 취직을 해야 한다는 일념으로 다른 준비 없이 영어시험 공부만 하는 것이다. 이렇게 열풍 아닌 열풍 속

---

* 한국음반산업협회자료(2005)

에 휘말려 자신의 꿈은 생각할 겨를도 없이 남을 따라 하는 일은 그때도 드문 일이 아니었다.

우리의 일상을 보면 우리가 얼마나 남의 행동을 쉽게 잘 따르는지 알 수 있다. 신호등을 기다리다 한두 사람씩 건너기 시작하면 어느 순간 우르르 다 건너게 된다. 차를 세워서는 안 되는 장소에 한두 사람이 차를 주차하면 나도 따라 그 뒤에 세운다. 사람들이 잔뜩 모여 무엇인가를 구경하고 있으면 나도 그쪽으로 가서 기웃거리게 된다.

주정차금지 구역임에도 한 사람이 차를 주차하자 순식간에 꽉 차버렸다. 우리 주변에 이처럼 남을 따라 하는 동조현상은 곳곳에 있다.

심리학에서는 이런 현상을 동조conformity라고 부른다. 그러나 동조가 모두 나쁜 것은 아니다. 특히 사회적 규범이나 질서·예의·문화 등을 익히는 긍정적인 면도 있다. 하지만 개인의 꿈은 동조해야 할 대상이 아니다.

그러므로 자신의 희망과 꿈은 다른 사람의 판단과 행동은 참고하되 반드시 자기 자신과의 소통을 통해 최종적으로 결정해야 한다. 누구도 나의 인생을 대신 살아주지도 책임져 주지도 않기 때문이다.

히키코모리
포기하고 좌절하고 숨어버리기

'히키코모리'는 '은둔형 외톨이'라고도 불리는데 1970년대부터 일본에서 나타나기 시작해, 1990년대 중반 그 수가 늘어나면서 사회문제로 대두되며 떠오른 용어다. 히키코모리는 '틀어박히다'는 뜻의 일본어 '히키코모루'의 명사형으로, 사회생활에 적응하지 못하고 집 안에만 틀어박혀 사는 사람들을 일컫는다. 최근 한국에서도 이와 유사한 문제가 심각하게 대두되고 있는데 등교를 거부하고 취업 자체를 희망하지도 않으며 '아무 일도 하지 않는다'는 뜻의 '니트족 Not in Education, Employment and Training'의 인구가 급격한 증가 추세를 보이고 있다. 니트족은 흔히 일 자체를 희망하지 않기 때문에 '무업자無業者'라고 불리는데, 2007년 통계청 자료에 의하면 니트족의 수가 무려 123만 명에 이른다고 한다.

히키코모리가 되기까지는 집단 따돌림이나 정신적인 충격과 그것을 극복하지 못하는 본인의 문제가 함께 작용한다. 이를테면 상대에게 무시를 당하거나 따돌림을 당했을 때 열등감이 생기고 그것을 극복하지 못한 채 좌절하고 자기 방에 틀어박혀 세상과 벽을 쌓고 게임이나 인터넷 중독에 빠져 몇 년을 아무런 직업이나 활동도 없이 생활하는 것이다. 히키코모리는 단순히 청소년의 문제로 단정 짓기에는 그 심각성이 매우 크다. 청년실업과 무업자의 수가 증가하면 국가 경제 전반에 악영향을 미치며 각종 엽기적인 범죄의 원인이 되기도 한다.

히키코모리는 사회적인 관심과 가족의 배려 그리고 본인의 노력을 토대로 풀어나가야 할 문제다. 그러나 가장 근본적인 원인은 본인에게 있다. 세상이 아무리 바뀌어도 내가 바뀌지 않으면 절대로 치료되지 못한다. 어려운 상황이 왔을 때 그것을 극복하려는 것이 아니라 세상과 담을 쌓고 숨어버리는 것은 성숙한 자아가 취하는 행동이 아니다. 자아와의 소통이 중요한 이유는 혼자만의 고립에 그치지 않고 그것이 사회문제 · 국가문제로 확대되기 때문이다. 우리는 지금 자기 자신과의 소통이 턱없이 부족한 시대에 살고 있는 것이다.

폴리애나 현상
행동하지 않는 낙천주의자

폴리애나Pollyanna 현상은 두렵거나 감당하기 어려운 일이 닥쳤을 때 적극적으로 대처하기보다는 '어떻게 되겠지!' 하고 바라는 맹목적 낙천주의·무사안일의 심리를 말하는 것으로, 1913년 미국의 여류작가 엘리노 포터의 작품《폴리애나》에 나오는 여주인공의 지나치게 낙천적인 성격에서 유래됐다.

사실 낙천적인 생각이나 성격은 전혀 문제 될 것이 없다. 행복에 관해 많은 학자가 내놓는 공통적인 견해 역시 비관적인 생각을 버리고 낙천적으로 생각하라는 것이다. 실제로 미국의 마요클리닉Mayo Clinic이 1994년 조사한 결과를 보면 비관적인 사람보다 낙천적인 사람의 실제 수명이 19퍼센트나 더 길다고 한다.* 낙천적인 성격은 분명 인생을 행복하게 사는 데 큰 밑거름이 된다.

대낮에 술을 먹고 길에서 자는 사람을 한 아주머니가 걱정스러운 듯 깨우고 있다.

　그러나 행동하지 않는 맹목적 낙천주의는 긍정주의와 구분될 필요가 있다. 소원하는 것을 이루기 위해 한 걸음씩 전진하며 반드시 될 거라고 믿는 것과 아무것도 하지 않은 채 다 잘될 거라고 믿는 것은 전혀 다른 차원의 이야기다. 행동하는 긍정주의는 자신의 노력과 땀이 바탕이 된 것이고 맹목적인 낙천주의는 아무것도 하지 않는 것이다. 맹목적 낙천주의는 자기와의 대화가 부족하기 때문에 일어나는 현상이다. 내면의 대화가 없는 상태에서는 결심이 설 수 없고 행동도 할 수 없다. 그저 잘되기만을 바라고 모든 것을 운에 맡기는 것 외에는 아무것도 하지 않는다.

　＊ Mayo Clinic Study Finds Optimistic People Live Longer', Tuesday, February 08,2000. from www.mayoclinic.org

우리 주변에도 폴리애나 현상이 어렵지 않게 목격된다. 현실을 극복하고 발전적인 모습을 스스로 만들어가기보다는 '어떻게 되겠지!' 하는 무사안일한 마음에 빠져 도박이나 복권에 목숨을 거는 사람도 있고, 운명을 개척하기보다는 '어떻게 되겠지!' 하며 술이나 풍류에 빠져 직장과 가정을 모두 잃는 사람도 있으며, 젊은 나이에 꿈과 목표도 없이 시간을 보내다 하류로 전락하는 사람들도 많다. 모두 자기와의 소통을 통해 상황을 극복해나가기보다는 안일하게 시간이나 상황의 흐름에 자신을 맡겨버려서 생긴 결과이다.

우리 속담에 '감나무 밑에 있어도 삿갓 미사리를 대어라.'라는 말이 있다. 당연히 떨어질 감이라 하더라도 내 입으로 쏙 들어오게 하려면 막연하게 나무 밑에서 입을 벌리는 것만으로는 부족하며 삿갓을 떠받치는 미사리를 감나무 쪽에 대어 깔때기 모양으로 해 두어야 감이 떨어지더라도 내 것이 된다는 말이다.

자아와의 불통으로 인해 많은 사람이 감나무 밑에서는 그저 감이 떨어지기를 기다리는 몹쓸 습관에 빠져 있다. 흔들지 않으면 감은 썩거나 까치밥이 되기가 더 쉽다. 삿갓의 미사리를 대고 나서 감나무를 흔들었으면 좋겠다.

네마토모프
자살, 늘어만 가는 슬픈 현실

　우리나라는 뭐든 했다 하면 1등 아니면 안 한다는 우스갯소리가 있다. 그러나 좋은 의미보다는 부정적인 의미로 많이 사용된 듯해서 안타깝다.

　한국은 한때 교통사고발생률 세계 1위를 했는데 지금은 그 자리를 다른 나라에 내주고 다른 부문에서 여전히 1위를 하고 있다. OECD 가입국 중 자살률 1위라는 불명예가 바로 그것이다. 2007년 통계청에서 발표한 '2006년 사망원인 중 자살통계 발췌'를 보면 자살은 암·뇌혈관질환·심장질환·당뇨병에 이어 사망원인 5위를 차지했으며 2006년에는 무려 1만 688명이 자살로 세상을 등졌고 지금 이 순간에도 49분에 한 명씩 하루에 29명이 자살로 생을 마감하고 있다. 이는 한 해 교통사고 사망자 수에 비해 20% 이상 높은 수치인데, 이 정도면 가히 자살공화국이라고 표현해도 틀리지 않는다고 하겠다. 실제로 2008년만 보더라도 유명인의 잇따른 자살로 많은 사람이 큰 충격에 빠졌었는데 일종의 베르테르 효과Werther effect로 그 확산 또한 심각했었다.

그럼 왜 우리는 이렇게 심각한 자살의 유혹과 현실 속에서 살고 있는 것일까?

나는 그 원인을 자아와의 소통 부재에서 찾고 싶다. 생활고와 갈등 그리고 질병 등으로 인해 누구나 자살을 생각할 수는 있다. 특히 먹고사는 문제로 고통받는 사람들의 고충은 겪어보지 않은 사람은 제대로 알기 어려운 것이다. 사실 나 또한 한때 자살에 대해 생각해본 적이 있었다. 책을 쓰고 강의하면서 나름의 길을 간다는 것이 다른 사람이 생각하는 것처럼 그렇게 자유스럽지도 화려하지도 않을뿐더러, 멀쩡한 직장 때려치운 죄로 생활고에 시달릴 때에는 마누라와 자식한테 죄스러울 때가 한두 번이 아니었다. 자살은 결코 먼 나라 남의 이야기가 아니었으며 오히려 선택하기 가장 쉽고 가장 가까운 곳에 있었다.

그러나 자살하는 사람들의 심정을 이해하는 것과 자살하는 것은 완전히 다르다. 결국 모든 것은 마음이 지어내는 것이라는 '일체유심조一切唯心造'의 의미처럼, 세상을 어렵게 보면 한없이 어렵고, 부정적으로 보면 결코 헤어나올 길이 없게 된다.

우리는 한국전쟁 이후 세계가 놀랄 만한 기적을 이루어냈다. 맥아더 장군조차 이 나라가 복구되기까지는 100년이 넘게 걸릴지도 모른다고 했지만 우리는 지금 세계 11위의 무역대국이자 GDP 규모 13위라는 놀라운 결과를 만들어냈다. 그러나 이 과정에서 행복의 기준은 곧 돈과 성공이라는 물질주의가 급속하게 번져나갔다. 그래서 사람들은 몇 평짜리 아파트, 어떤 차, 얼마짜리 제품을 성공의 기준이자 행복의 척도로 생각해버렸고 그 욕구를 채우지 못하면 우울해하고 스스로 능력 없는 존재로 인식한다.

그러나 물질은 결코 채워지지 않는 욕망의 잔이다. 그러므로 행복한 삶을 위해서는 마음의 잔을 사랑·희망·긍정·노력으로 채워야 한다. 백만장자·슈퍼스타들이 물질이 부족해서 자살하는 경우는 거의 없다. 마음의 잔이 채워지지 않았기 때문에 자살이라는 극단적인 방법을 선택하게 되는 경우가 많다. 하지만 많은 사람들은 마음의 잔보다는 욕망의 잔을 채우는 데 더 공을 들인다.

네마토모프Nematomorpha라는 기생충이 있다. 연가시라고 불리기도 하는데, 이 녀석은 주로 메뚜기나 귀뚜라미의 뇌에 들어가 그 생물이 자살하도록 유도하는 섬뜩한 놈이다. 숙주를 자살하도록 뇌를 완전히 통제하는 이 녀석이 몸속에서 자라면 어찌할 도리가 없다. 자아와의 소통 부재가 지금 우리의 몸속에 네마토모프가 들어오도록 방치하고 있는지도 모른다. 자아와의 원활한 소통을 통해 이 녀석이 근처에 얼씬도 못 하도록 해야 한다.

ABC 방송국의 앵커 휴 다운즈Hugh Downs가 한 말을 모두 가슴속에 한번 새겨보자.

"행복한 사람은 어떤 특정한 환경 속에 있는 사람이 아니다. 오히려 어떤 특정한 마음 자세를 갖고 살아가는 사람이다."

능통의 자아(기술·Way)
능숙하게 자신과 소통하며 마음의 소리를 들어라

지금까지 살펴본 자기 자신과의 소통 부재로 인해 벌어지는 '불통의 자아'가 만들어낸 벽들과 그 모습이 결코 남의 이야기가 아닌 바로 오늘을 살아가는 우리 모두의 이야기가 아닐까 하는 생각을 해본다.

소통 부재의 모습을 통해 내면의 대화가 얼마나 중요한지 알게 되었다면, 이제 내면의 대화에 능통해지는 일만 남았다. 어떤 방법을 통해 스스로와 대화할 수 있는지 그리고 그것을 어떻게 능통의 경지에 올려놓을 수 있는지 그 길에 대해서 함께 알아보고 내 것으로 만드는 노력을 기울이는 시간을 가져보자.

그러기 위해서 지금부터 총 18가지의 효과적인 '능통의 기술Way'을 제시하겠다. 이 기술은 본문에선 자아·가정·경영 세 분야에 걸쳐 17가지이며, 소통의 이해를 넓혀주고 유연성을 강화해주는 '쿨라스트C.U.L.L.A.S.T.' 이론—부록에서 제시함—이 더해져 총 18가지로 구성되어 있다. 이 18가지 능통의 기술을 잘 활용하면 불통의 문제를 해결하고 자존감을 가지면서 세상과 통하는 데 큰 도움이 되리라 믿는다. 우선 다음 쪽부터 자아와 능통하는 다섯 가지 기술에 대해 하나하나 알아보기로 하자.

자신과의 대화
영원한 내면의 교감

자기 내면의 목소리에 귀를 기울일수록
바깥에서 들려오는 목소리도 더 잘 들을 수 있게 된다.
_대그 하마슐드(전직 UN 사무총장)

명상

예로부터 내면의 소리를 듣기 위한 방법으로는 명상을 으뜸으로 꼽았다. 마음을 비우는 연습을 통해 자기 내면의 목소리에 귀 기울이고 몸과 마음을 단정하고 바르게 하는 것이다. 일본 소프트뱅크의 손정의 회장은 하루에 5분씩 꼭 명상을 한다고 한다. 아이팟의 신화를 이룬 스티브 잡스 또한 명상을 즐기며 내면의 대화를 통한 직관의 중요성을 줄곧 강조하곤 한다. 스티브 잡스의 친구인 오라클의 회장 래리 앨리슨 역시 명상하기를 좋아하며 동양의 정신문화에 심취해 있다고 한다. 또한 우리에게《화 anger》라는 책으로 잘 알려진 명상과 자기성찰에 관한 세계적인 권위자인 틱 낫 한 Thich Nhat Hanh 스님은 명상을 일상생활로 옮겨와 생활 속의 명상을 전파하는 분으로도 유명하다. 1982년부터는 프랑스에 플럼빌리지plumvillage라는 명상공동체를 만들어 프랑스 사람들뿐만 아니라 유럽 사람들에게 동양의 명상과 문화를 알리고 있기도 하다.

명상이 이토록 중요한 이유는 자신과 대화를 하는 데 최고의 방법이기 때문이다. 명상의 핵심은 쓸데없는 잡념을 없애고 한 가지 주제에 집중해 깊게 들여다보고 내 안의 목소리를 듣는 것이다. 내 안의 목소리를 듣는다는 것은 결국 주변의 유혹과 방해에서 벗어나 스스로 원하는 것이 무엇인지 물어보고 답을 구하는 것을 의미한다. 명상의 좋은 점은 우선 마음의 안정이며 두 번째는 감사함이다. 하루하루를 돌아보며 나의 생활이 어떠했는지 그리고 내일이라는 선물을 기대하는 기쁨은 사람을 긍정적으로 바꿔놓는 힘이 된다. 내면의 대화를 통해 나의 오늘을 생각해보고 진심으로 원하는 미래를 그려볼 수 있다는 점은 매우 유용하다. 우리 모두 자신과의 대화를 위해 명상을 활용한다면 큰 도움이 될 것이라고 나는 믿는다.

지금부터 편안한 명상을 위해 알고 있는 방법을 간단히 소개해본다.

첫째, 조용하고 방해받지 않는 장소를 선택한다.

둘째, 자세를 바로잡고 고정한다(의자에 앉는 자세·양반다리 등 편안한 자세를 취한다).

셋째, 잡념이 사라질 때까지 한 가지 생각에 집중한다.

넷째, 생각을 중심으로 긍정적인 미래를 그려본다.

다섯째, 오늘 하루에 내가 감사할 일 3가지 이상을 생각한다.

이렇게 잡념을 없애고 한 가지 생각에 집중한 후에 긍정적인 미래를 그려보고 오늘을 감사하는 태도를 꾸준히 갖는다면 분명 내면의 소리를 듣게 될 것이다. 남들이 하는 말이나 유행에 따라 휩쓸리는 그런 나약한 자아가 아니라, 진정으로 내가 원하는 꿈을 발견하고 도전하게 해줄 강한 자아를 말이다.

운동

운동만큼 사람의 기분을 긍정적으로 전환시키고 건강을 가져다주는 방법도 없을 것이다. 자아와의 소통을 위해 운동은 정말 효과적인 수단이다. 특히 운동을 하면서 자아와 대화를 하는 것 그리고 자신의 한계에 조금씩 도전해가는 것은 운동능력의 향상과 함께 성취감을 고취시키는 좋은 방법이다.

얼마 전 우리나라 성인 3명 중 1명이 비만이라는 보도를 접하고 나 또한 본인의 몸매에 스스로 책임을 져야 함을 느꼈다. 비만이 만병의 근원이라는 것은 누구나 안다. 비만의 원인은 매우 단순하다. 과도한 열량섭취와 운동부족으로 몸속에 계속 지방이 쌓여가는 것이다. 그러나 운동부족이 단순히 비만 하나만을 초래하는 것은 아니다. 신경질적인 성격과 대인관계 기피증 그리고 우울증의 원인이 된다. 운동부족이 자아와의 소통은 물론 타인과의 소통에

날씨가 상당히 추운데도 불구하고 열심히 자전거를 타고 있다. 운동은 자아와의 대화를 위한 효과적인 방법의 하나다.

도 영향을 미친다는 의미다. 그러나 운동을 시작하게 되면 천연진통제라고 불리는 엔도르핀이 분비되면서 기분이 좋아진다. 또한 운동이 뇌세포의 재생을 촉진해 목적의식을 부여한다는 연구결과도 있다.

그런 점에서 어떤 것이든 쉽게 접근할 수 있는 운동을 시작해보는 것은 매우 좋다. 걷기 · 줄넘기 · 마라톤 · 인라인스케이트 등 모두 자아와의 소통을 원활하게 하는 효과적인 도구가 될 것이다.

여행

"바보는 방황하고 현명한 사람은 여행한다."는 T. 플러의 말처럼, 여행은 고민과 갈등으로 고립된 생각의 폭을 넓혀주고 해결의

여행은 자기와의 대화에 더없이 좋은 수단이다

실마리를 제공해주는 역할을 한다.

일에 대한 열정 그리고 몰입은 높은 효율성과 창조성을 보장한다. 그러나 당장 해결되지 않는 문제나 욕심을 붙잡고 몰입하는 것은 집착이다. 집착은 해결책보다는 충돌과 갈등을 야기하고 옳지 않은 선택을 합리화시킨다. 그러므로 한 발 물러서 상황을 객관적으로 바라볼 마음의 여유가 필요하다. 그것이 바로 여행이다.

여행이라고 해서 유럽이나 먼 나라로 배낭여행을 가야만 하는 것은 아니다. 하루짜리 여행을 가도 좋고 고생스럽지만 도보로 여행해도 좋고 바다가 보이는 방에 오랜 시간 머물러도 좋다. 중요한 것은 남들과 다른 여행을 하는 것이다. 안전한 곳이라면 혼자 여행하는 것도 남다른 경험이 된다.

나는 과거 직업상의 이유로 혼자 해외출장을 많이 갔었는데 그 경험이 고스란히 재산이 되어 지금은 낯선 곳에서 낯선 사람을 만나는 것이 흥미 있는 일로 바뀌게 되었다. 혼자 가는 여행은 독립심과 자립심을 키우는 데 도움이 된다. 또 마음이 맞는 사람과 단출하게 떠나는 여행도 추천한다. 여럿이 우르르 몰려가서 밤새 술에 노래방에 해장국에……. 이런 식의 여행은 사실 여행이라기보다는 행사에 가깝다. 정해진 순서에 의해 차례대로 하고 별다른 특이점 없이 끝내는 정형화된 여행은 오히려 피로와 스트레스를 가중시킬 수 있다. 그러므로 남들과 다른 나만의 여행을 떠날 것을 권한다. 여행 내내 자기 자신과 솔직하게 대화하는 시간이 충분히 보장될 것이다.

내면의 교감에 유용한 방법을 하나 더 소개해보겠다. 내가 주로 사용하는 방법이면서 동시에 강의를 통해 많은 분께 직접적인 체험을 제공하는 것이 있는데 그것은 바로 캔들 라이트Candle Light다. 사실 캔들 라이트는 2001년 조지 부시 정권의 핵발전 위주의 에너지 정책에 반대하는 의미에서 벌어진 자발적 정전 운동이었다. 그 뒤 일본에서 캔들 라이트는 환경·평화·자기성찰의 가치를 담은 생활운동으로 자리 잡았다. 우리나라에서는 최근 여성환경연대가 문명의 플러그를 뽑고 잠시나마 기계화된 세계와 연결고리를 끊음으로써 자연의 시간과 속도에 스스로 삶을 조화시키자는 취지에서 촛불 켜기 운동을 시작했다고 한다.

  내가 자아소통과 행복감을 고취하기 위해 몇 가지 요소를 접목하여 활용하고 있는데 그 방법은 아주 간단하다. 여러분도 따라 해보면 자기를 성찰하고 하루를 되돌아봄으로써 삶에 의미를 부여하고 자기와 통할 수 있게 될 것이다.

  우선 양초를 하나 준비하기 바란다. 그리고 백지와 볼펜을 준비하자. 조용한 음악을 틀어 두어도 무방하겠다. 준비가 됐으며 이제 오늘 하루의 일과 혹은 지난 한 주의 일과를 생각해보며 의미 있었던 일들을 종이 위에 간단하게 적어본다. 그냥 잊힐 뻔했던 지난 일들이 떠오르면서 종이 위에 옮겨지게 될 것이다. 그렇게 한 후 눈을 감고 자신의 하루와 삶을 되돌아본다. 후회되는 일과 슬픈 일은 의도적으로 머릿속에서 지우고 긍정적 감정으로 전환해보자. 그리고 밝은 미래와 하고자 하는 의욕을 내면으로부터 불러오자. 촛불을 바라보기도 하고 때로는 눈 감으며 평화로운 미소와 마음의 상태를 유지해보라. 촛불 하나의 힘이 상당히 놀랍다는 것을 느끼게 될 것이다. 마음이 차분해지고 나의 하루와 삶에 새로운 의미가 충만해질 것이다. 지금 당장 양초를 준비하자.

마인드 포스트
꿈과 목표에 대한 기준

오랫동안 꿈을 그리는 사람은 그 꿈을 닮아간다.
_앙드레 말로

사람은 누구나 꿈을 가지고 있다. 그러나 그 꿈이 실현될 가능성이 적은 이유는 출발점·경로·목표지점이 명확하지 않거나 기준 없이 흔들리기 때문이다. 하지만 마인드 포스트mind post를 설정한다면 이야기는 조금 달라진다.

 내면의 교감을 통해 자신이 원하는 것·희망하는 것이 무엇인지 발견했다면 이제 마인드 포스트를 통해 출발점과 목표지점 그리고 최적의 경로를 설정해야 한다. 오른쪽으로 가야 한다면 오른쪽 어느 지점에 목표가 있고 그곳에 도착하기 위해서는 어디에서 출발해서 어떤 경로로 가야 할지 출발점·목표지점 그리고 경로를 설정하는 것, 이것이 바로 마인드 포스트다.

 마인드 포스트는 인생의 친절한 길잡이이며 흔들림 없이 꿈과 목표를 추구할 수 있도록 해주는 가치기준이다. 마인드 포스트는 자기 자신과 능숙하게 소통하게 도와주며 보람된 일과 목표를 추구하게 해준다. 그러나 마인드 포스트가 없으면 스스로 방향을 정하지 못하고 우왕좌왕 남의 기준을 쫓게 된다. 자신과의 소통을 통해 설정된 꿈과 목표가 아니다 보니 자연스럽게 삶이 만족스럽지 못하다는 느낌이 들게 되고 일의 성과를 만들어내도 만족도가 떨어진다.

마인드 포스트가 왜 중요할까? 그 역할을 통해 중요성을 살펴보자.

첫째, 꿈과 목표의 성취 가능성과 만족도를 높여준다

마인드 포스트의 핵심가치는 자율성이다. 스스로 목표를 정하고 가장 가슴 뛰는 일을 하는 것이다. 그리고 그 꿈과 목표를 이루는 과정에 끊임없는 자아와의 소통이 있어야 한다. 자신에게 묻고 대답하고 질책하고 용기를 주고 지속적인 대화와 소통은 꿈을 이루기 위한 당연한 하나의 과정이 된다.

긍정 심리학의 실력가 소냐 류보머스키 교수는 《How to be happy》에서 '진정한 목표 Authentic goals'를 추구하는 사람이 더 행복하며 더 열심히 일한다고 설명한다. 진정한 목표란 스스로 결정한 목표를 말한다. 즉 스스로 알아서 자의에 의해 선택했는지 아니면 주변의 강요에 의해 선택했는지가 중요한 기준이 된다. 예를 들어 부모가 변호사나 의사가 전망이 좋으니 자식에게 그 꿈을 강요하고 자식은 어쩔 수 없이 강요된 목표를 추구하게 된다면, 이 사람은 지금 현재 진정한 목표가 아닌 강요된 목표를 추구하고 있는 것이다.

목표가 여러분의 성격에 맞을수록 목표의 추구가 보상과 즐거움을 가져오고 행복을 증진시켜줄 가능성이 크다. 그러기 위해서는 스스로 목표를 선정하고 분석하고 선택하고 추구해야 한다. 여기서 말하는 진정한 목표는 마인드 포스트의 핵심가치인 자율성과 일맥상통한다. 결국 자아와의 소통을 통해 마인드 포스트를 세우고 그렇게 선택한 꿈과 목표가 성취가능성과 만족도가 높다는 말이다.

둘째, 꿈을 추구하는 힘을 제공한다.

마인드 포스트는 꿈과 목표를 추구하는 사람으로 하여금 일관된 행동과 노력을 지속하게 하는 효과적인 길잡이가 되며 상황을 극복할 수 있는 이유가 된다. 꿈과 목표가 사람들의 마음속에 자리 잡으면 아무리 고통스럽고 이해할 수 없는 일과 상황이 온다고 하더라도 그것을 즐길 수 있게 해준다. 마치 폐에 숨이 꽉 차올라 곧 터질 것 같은 고통이 오더라도 달리기를 멈추지 못하게 만드는 쾌감인 '러너스 하이runner's high'의 효과와 동일하다고 할 수 있다.

토머스 에디슨이 전구를 개발하는 과정은 마인드 포스트의 역

내 인생의 목표와 기준은 누구도 정해주지 못한다. 자아와의 소통을 통해 스스로 방향을 설정해야 한다.

할을 설명하기에 아주 적합하다. 무려 3000번의 실패 끝에 필라멘트를 만드는 데 성공하지만 에디슨은 절대로 포기하지 않았다. 마인드 포스트가 없었다면 30번도 힘들었을 것이다. 그러나 그는 자신의 실패를 결코 실패로 보지 않았다. 에디슨은 "나는 3000번 실패한 것이 아니라 3000번의 단계를 거쳐 성공한 것일 뿐이다."라는 말로 그가 얼마나 확고한 마인드 포스트를 지니고 있었는지를 보여주었다.

셋째, 지속적인 자아와의 소통을 부른다

오랫동안 꿈을 그리면 결국 그 꿈을 닮아간다는 앙드레 말로의 말처럼 꿈과 목표를 이루기 위해서는 지속적인 자아와의 소통이 필요하다. 꿈과 목표의 출발점을 정하는 것도 중요하지만 그것을 추구하고 달성하기 위해서는 지속적인 자신과의 소통이 전제되어야 한다. 지금 내가 어디쯤 와 있는지 그리고 왜 가야만 하는지에 대한 물음과 답은 결국 자기 자신이 알고 있는 것이기 때문이다.

마인드 포스트는 지속적인 자아와의 소통을 부르며 지금 추구하는 가치의 방향키 역할을 한다. 누구든 자아와의 소통을 통해 끊임없이 꿈을 추구하다 보면 어느새 목표지점에 근접해 있는 자신을 발견하게 될 것이다.

자아와의 소통은 꿈을 이루게 해준다. 나 자신과의 소통 없이는 꿈에 도달하기 어려우며, 꿈과 목표에 대한 기준인 마인드 포스트가 없으면 내가 원하는 꿈이 아니라 남들이 원하는 모습을 추구하게 된다. 이제 마인드 포스트를 세우고 자아와의 소통을 통해 스스로 선택한 꿈과 목표를 흔들림 없이 추구하자. 그것이 자아와 능히 통하는 방법이며 만족스러운 삶을 사는 길이다.

셀프멘토링

내 안의 또 다른 스승

책을 읽는 데 시간을 보내라. 저자가 고생하며
터득한 것을 보고 쉽게 자기를 개선할 수 있다.
_소크라테스

누구나 자기 자신과 대화를 한다. 그러나 그 대화가 자기정당화나 합리화에 편중되어 있다면 자아와 소통하는 것이 아니라 자아와 타협하는 것에 지나지 않는다. 그래서 자기 내면에 스승, 즉 멘토가 필요하다. 여러분은 내면에 스승이 있는가?

셀프멘토링은 자신이 자기 자신의 스승이 되어 스스로를 가치 있는 존재로 이끌어주고 꿈과 목표를 추구할 수 있도록 도와주는 것을 말한다. 셀프멘토링은 자신을 객관적으로 바라보고 스스로에게 동기를 부여하며 용기를 불어넣어 주는 자기 안의 스승이다.

그런데 이처럼 나를 이끌어주는 내면의 스승을 만들기 위해서는 어떻게 해야 할까? 효과적인 셀프멘토링을 위해 독서만큼 훌륭한 것은 없다. 자신에게 용기를 불어넣고 가치 있는 일을 추구하도록 이끄는 성숙한 자아를 만들기 위해서는 독서를 통해 자신을 개선하고 열린 마음과 창조성을 키워나가야 한다.

통계청 자료에 의하면 우리나라 사람은 하루에 평균 3시간 23분을 TV 시청에 소비하지만 그에 반해 독서에는 10분밖에 투자하지 않는다고 한다. 참으로 안타까운 일이다. 고대 로마의 키케로는 "책이 없는 방은 영혼이 없는 육체와 같다."라고 했다. 또한 옛 문인들의 필독서였던 중국 송나라의 《고문진보古文眞寶》에서도 "가난한 사람은 책으로 인해 부자가 되고, 부자는 책으로 인해 존귀하게 된다."고 했다. 이 외에도 독서가 인생에 얼마나 큰 영양분이 되는지는 일상을 살아가면서 우리 주변에서도 얼마든지 느낄 수 있는 일이다.

토크쇼의 제왕이라고 불리는 오프라 윈프리Oprah Gail Winfrei의 경우를 보면 그녀의 성공을 이끈 것이 책이라는 사실을 알 수 있다. 그녀는 미시시피의 불우한 사생아로 태어나 아홉 살 때 사촌오빠에게 강간을 당했고, 이후 어머니의 남자친구와 친척 아저씨들에게 성적 학대를 받는다. 열네 살에는 태어난 지 2주 만에 세상을 떠난 미숙아를 출산한 미혼모가 되었고 스무 살에는 마약을 복용했으며 몸무게는 100킬로그램이 넘도록 불어나 완전히 절망과 실패의 늪에서 허우적거리는 삶을 살았다. 그러나 그녀는 지금 토크쇼의 제왕·미국인이 가장 존경하는 인물·자선사업과 기부의 본

독서만큼 위대한 스승은 없다. 서울 청계천에서 한 외국인이 독서 삼매경에 빠져 있다.

보기 · 억만장자라는 수식어가 따라붙는 명실상부한 시대의 아이콘이 되었다.

이처럼 불행의 늪에서 화려한 성공으로 도약한 오프라는 "독서가 내 인생을 바꿨어요."라는 말로 자신의 인생에 가장 큰 영향을 미친 것은 다름 아닌 독서라고 했다. 끊임없는 지적 탐구와 독서를 통한 간접경험이 무너져가는 자신을 바로 세우고 자기 자신의 내면에 또 다른 스승이 되어 질책하고 격려하며 자신을 이끈 것이다.

내 안에 스승이 있을 때 나를 제대로 이끌 수 있다. 결국 나를 이끄는 것은 남이 아니라 바로 자기 자신이다. 셀프멘토링을 통해 자기 자신을 개선하고 성숙한 자아로 발전해나아갈 때 우리는 자아와 능숙하게 소통하게 되며 행복한 삶을 살 수 있게 될 것이다.

자기발전 독서법에 대한 책 《생산적 책 읽기 50》의 저자 안상헌은 "책 읽기는 자신이 세상과 소통할 수 있는 통로다."라고 말했다. 더불어 일상에서 책 읽을 것을 생활화하기 위해서는 먼저 읽고 싶은 마음을 준비하는 것이 가장 중요하며 좋은 독서가는 스스로의 시간을 만들 수 있는 사람이라고 했다. 내 안의 또 다른 스승도 역시 내가 만드는 것이다. 독서를 통해 지식을 축적하고 그것을 실생활에 옮겨 자아와 능통하는 것은 결국 여러분의 손에 달려 있다.

자조 Selfhelp
그대 스스로를 도와라

하늘은 스스로 돕는 자를 돕는다.
_속담

지금까지 제시한 '자아와의 능통을 위한 다양한 기술들', 즉 자기와의 대화·꿈과 목표의 설정·내 안의 스승 만들기 등은 결국 스스로의 노력으로 꿈을 이루기 위한 밑거름이다. 아무리 좋은 목표와 환경 그리고 결의가 있다 하더라도 스스로 돕고자 하는 자조의 정신이 없다면 나약한 자신과 마주치게 될 것이다.

새무얼 스마일즈는 그의 저서 《자조론自助論》을 통해 누구든 근면과 자립의 자세를 바탕으로 난관을 인내와 끈기로 극복한다면 얼마든지 훌륭한 일을 해낼 수 있으며 어려운 환경도 충분히 극복할 수 있음을 강조한다. 자조self help는 자기 자신을 바로 세우는 것이며 세상에 당당하게 나서는 것이며 고난을 극복하는 원동력이다. 그러므로 자조는 자아와의 소통이 없이는 흉내 내기조차 어려울 뿐만 아니라 불편하고 고통스러운 일이 될 수밖에 없다. 그러나 자조는 한 사람의 인생이 독립적이면서도 생활에 활력을 불어넣어 주는 힘이 된다.

만일 배고픈 사람이 제 힘으로 밥을 지을 의지가 없이 매일 남의 밥만 얻어먹고 산다면 그 사람의 목숨은 밥 주는 사람에게 달려 있는 것이다. 늘 배고프고 불안에 떨어야 하고 위태로운 외줄타기 인생을 살아야 하는데 즐거워할 사람이 어디 있으며 자아와의 소통은 또 제대로 되겠는가?

새무얼 스마일즈가 '자조론'에서 언급한 인상적인 몇 구절을 소개한다.

"어떤 사람, 어떤 계층이든 남에게 의지하면 스스로 노력하려는 동기와 필요성을 잃어버린다."

"어느 시대를 막론하고 사람들은 제도에 의지해 행복과 복지를 보장받으려고 할 뿐, 스스로 행동해 자신의 행복과 복지를 얻으려고 하지 않는 경향이 있다."

"인간은 아무리 외부로부터 규제를 받아도 별로 달라지지 않는다. 내면적으로 자기 자신을 규제할 수 있을 때 비로소 모든 것이 달라진다. 가장 비참한 노예는 사악한 폭군의 지배를 받는 사람이 아니라 자기 자신의 도덕적 불감증·이기심·악습에 예속되어 있는 사람이다."*

힘들고 어려워도 스스로를 도우며 이겨나가야 한다. 한 아저씨가 손수레에 박스를 잔뜩 실은 채 버스 뒤를 따라가고 있다.

내가 강의를 갈 때 '자조'를 설명하기 위해 가끔 사용하는 농담이 있다. 그것은 어떤 아들과 아버지의 대화다. 아들은 아버지가 부자가 아닌 것이 불만이다. 그래서 자신도 몇몇 사람들처럼 좀 편안하고 보장된 미래를 갖고 싶어 했다.

"아버지, 아버지는 왜 이렇게 가난하세요?"

"그게 무슨 말이냐?"

"왜 남들처럼 돈을 많이 벌지 못하셨냐고요."

"……."

"아버지도 빌 게이츠처럼 갑부가 되셨으면 아버지도 좋고 저도

＊《자조론》21세기북스, 2006, p29~31.

좋은 거잖아요."

"아들아, 그런데 이 아빠도 질문이 하나 있단다."

"뭔데요?"

"너는 왜 박지성이 되지 못했니?"

"예~?"

그대 스스로를 도와라. 가진 것이 없다고 남들보다 불리하다고 쓸데없는 분노를 터뜨릴 필요는 없다. 스스로를 도울 수 있는 의지·근면·노력·인격이 갖춰지지 않으면 절대로 자아와 소통할 수 없다. 나를 끊임없이 연마하고 성장시키면 스스로의 힘으로 꿈을 이루어가는 당당한 자아와 마주치게 될 것이다.

행복선택
똑똑한 사람은 행복을 선택한다

정신병원에는 번듯한 학력을 가진 환자들로 넘쳐난다.
똑똑함의 참된 척도는 하루하루를
그리고 지금 이 순간을 얼마나 제대로 즐겁게 사느냐다.
_웨인 다이어

똑똑한 사람은 현명한 선택을 함으로써 자기 자신과 능히 통하는 사람이다. 자기 자신과 능히 소통하는 사람은 자신을 사랑하며 타인을 존중하며 현명한 선택을 한다. 그러나 자신과 통하지 못하는 사람들은 자신만 사랑하거나 스스로 똑똑하다고 생각하지만 종종 어리석은 선택을 한다. 그것이 바로 '행복에 대한 선택' 여부다. 능히 자아와 소통하고 싶다면 행복을 선택해야 한다. 또 행복해지고 싶다면 자기 자신과 능히 통해야 한다.

여기 제인Jane과 아만다Amanda라는 고등학교 동창 두 사람이 있다. 제인은 의도적으로 하루하루를 즐겁게 살며 행복을 위해 노력한다. 제인은 행복은 스스로 선택하고 만들어가는 것이라고 굳게 믿고 있다. 또 다른 한 사람, 아만다는 늘 불만과 의심이 많다. 그래서 하루하루가 그다지 유쾌하지 못하고 피곤하다. 아만다는 자신의 처지와 세상이 바뀌어야만 비로소 행복이 찾아온다고 믿는다.

그렇게 둘 다 마흔이 넘는 나이가 됐다. 그리고 25년 만에 동창회에 참석하게 됐다. 너무 반가워 둘은 지난 이야기를 끝도 없이 했다. 제인과 아만다는 서로 경제적 형편은 달라도 마흔이 넘었을 때 하는 고민은 비슷하다는 것을 느꼈다. 어느덧 시간은 자정을 향해 가고 있었고 아쉽지만 대화를 끝낼 수밖에 없었다. 둘은 작별인사를 하고 주차장으로 나가 각자의 차에 시동을 걸었다. 제인의 차는 10년 가까이 된 자그마한 경차였다. 그러나 아만다의 차는 얼마 전에 뽑은 고급 승용차였다. 또 만나기로 하고 그들은 각자의 차에 올라탔다.

제인은 생각했다. '아만다가 행복해 보여서 좋아, 차도 멋지고. 더군다나 오늘 만남은 정말 너무 행복했어. 아만다, 다음에 또 보자.'

아만다는 생각했다. '제인의 차는 형편없어 게다가 옷도 무척이나 촌스러웠어. 그런데 왜 제인이 나보다 더 행복해 보이지? 오늘 만남은 왠지 생각보다는 별로였어.'

제인이 아만다보다 훨씬 똑똑하고 현명해 보인다는 느낌이 나만의 생각은 아닐 것이다. 제인은 행복을 선택했고 현재 행복하다. 그래서 제인은 자신과 능히 통하고 있으며 얼마든지 행복을 만들어갈 능력과 현명함도 갖추었다. 자아와 소통하고 싶다면 행복을 선택해야 한다. 불통하면 행복할 수 없다. 그것은 선택의 문제다.

우리는 모두 자유의지로 이 세상에 태어나지 못했다. 그래서 우리는 모두 다른 환경에서 자라게 되었고 모두 다른 특성을 갖게 되었으며 세상을 살아가는 방식도 제각각이 되었다. 그러나 바뀌지 않는 한 가지가 있다면 그것은 누구나 행복을 원한다는 것이다. 우리가 일하는 이유, 힘든 상황을 견디는 이유, 타인을 돕는 이유, 꿈을 갖고 미친 듯이 달려가는 이유도 결국은 모두 행복을 위한 것이다.

많은 학자가 밝혀낸 행복의 결정요소는 유전적 요인이 50%, 환경이 10% 그리고 후천적인 노력이 40%라는 것이다. 특별히 주목해야 할 부분은 부자이거나 가난하거나, 잘생겼거나 못생겼는지가 행복에 미치는 영향은 10%밖에 되지 못하며 내가 어떻게 마음먹는지 그 노력 여부가 40%를 차지한다는 것이다.

모든 사람은 행복을 원한다는 명료한 사실 앞에서 구태여 누가 불행한 삶을 선택하겠는가? 이왕 살아갈 거라면 행복하게 살아가야 한다. 그리고 그것은 자신의 선택과 노력 여부에 달려 있는 것이다. 세상에 태어날 때는 자유의지로 나오지 못했지만 살아가는 방식을 선택하는 것은 각자의 의지와 노력에 달렸다.

행복한 삶을 선택하는 것 그리고 행복한 삶을 만들어가는 것은 전적으로 자신이 결정해서 추구하는 것이다. 그러므로 하루하루를 행복하게 살아가기로 마음먹고 노력하는 사람들은 모두 똑똑한 사람들이다. 그리고 그들은 모두 자신과의 소통에 능통의 힘을 제대로 발휘하는 사람들이다.

그러나 세상을 비딱하게 보고 밝은 곳보다 어두운 면에 집착하는 사람은 건강한 자아를 가지고 있지 못한 사람이며 동시에 똑똑하지 못한 사람이다. 행복을 선택하지 못했기 때문에 그들은 선택을 뒤집기 전까지는 자아와 능히 통할 수 없다. 자아와 능히 통하고 싶은가? 그렇다면 행복을 선택하라. 행복한 생각 · 태도 · 마음을 집어들어라. 나는 여러분이 충분히 똑똑한 사람이라고 믿는다.

Part 6
능통의 가정
가족 모두 능히 통하고 있는가

불통의 가정(벽·Wall)
가족 간 소통이 없다면 집은 불편한 숙소일 뿐이다

해가 갈수록 다양한 사회적 지표가 한국 가정의 붕괴와 가족해체의 심각성을 알리고 있다. 조금 심하게 말해서 우리는 지금 이혼을 밥 먹듯이 하고, 청소년 가출도 통과의례에 지나지 않으며, 가정폭력도 길거리 붕어빵만큼이나 흔한 시대에 살고 있다. 가족을 이루는 가장 기본인 부부간의 유대와 대화는 차츰 줄어들고 아내와 남편은 서로를 제외한 다른 것에 집중하며 단절을 더욱 가속화하고 있다. 게다가 기러기아빠·헬리콥터부모·캥거루족·학원족 등 원활하지 못한 가정 내 소통의 단면을 보여주는 다양한 용어들이 하루가 다르게 늘어가고 있다. '대화가 부족해' 라는 어느 유행가의 제목처럼 지금 우리는 가족 구성원 간의 대화와 소통이 현저하게 부족한 시대에 살고 있다.

요즈음 우리 사회가 얼마나 가족 간 대화에 인색한지를 알 수 있는 자료를 하나 살펴보자.

2005년 한국교육개발원이 전국 4·5·6학년 초등학생 4340명을 대상으로 조사한 "한국 초등학생의 생활 및 문화실태 분석 연구"에 따르면 부모와의 대화가 거의 이뤄지지 않고 있는 것으로 나타났다. 연구 결과 부모와 자녀의 하루 평균 대화 시간은 '30분 이내'가 34.5%였고 부모와 대화를 거의 하지 않는 경우도 어머니 19.8%, 아버지 30.9%에 이르는 것으로 조사됐다.

이쯤 되면 가족구성원들이 하루 중에 서로에 대해 관심을 갖고 이야기하는 시간은 없고, 아주 단순한 수준의 의사소통만 하고 있다고 할 수 있다. 한마디로 숙소만 같은 곳을 사용할 뿐 서로 남남인 하숙생들과 비슷하다. 소통이 없으니 마음이 안 통하고 마음이 안 통하니 소통이 없는 이런 악순환이 우리 가정 내에서 벌어지고 있다는 것은 무척 안타까운 일이다. 가족 간 소통이 없다면 집은 불편한 숙소에 지나지 않는다. 가화만사성家和萬事成이라고 했다. 집안이 화목하고 바로 서야 모든 일이 순조롭게 풀린다.

그럼 지금부터 위기의 가정·불통의 가정을 조명해 보고 능통의 기술을 활용한 가족구성원 간의 소통 방법에 대해 살펴보자. 그러기 위해 우선 불통의 가정이 낳는 벽부터 알아본다.

가족해체
권리만 생각하면 결국 남남

권리의 진정한 연원은 의무다.
_간디

기물파손이나 고함은 별로 대단한 일도 아닌 국회·임금협상에 실패해 직장폐쇄나 파산으로 치닫는 기업·부모의 재산 때문에 소송까지 가는 형제들. 이들의 공통점은 모두 권리만 생각할 뿐 의무는 안중에도 없다는 것이다.

의무와 권리에는 균형이 필요하다. 그러나 우리가 특히 이해해야 할 부분은 의무와 권리의 완벽한 균형이란 없다는 것이다. 사람이라면 누구나 자신이 줘야 할 상황보다는 받아야 할 상황에 더 민감할 수밖에 없다. 그러나 생긴 대로 살아서는 좀 곤란하다. 우리는 권리보다 의무에 좀 더 집중할 필요가 있다.

절친한 사이는 법정에서 만날 일이 없다. 형제라 하더라도 법정에서 만날 때에는 대부분 적이나 남남이 되어 있는 것이 일반적이다. 현대 사회를 일컬어 소송의 시대라고 부른다. 서로 원만하게 해결할 수 있는 문제도 법정에서 시시비비를 가리려는 요구는 날이 갈수록 증가하고 있다. 그만큼 원래 남남이었던 사람들뿐만 아니라 새롭게 남남이 되어가는 사람들도 많이 증가하고 있다는 의미다. 그리고 특별히 부부 사이는 더 심각하다.

2006년 통계청 자료를 보면 우리나라의 연간 혼인건수가 33만 2800건(쌍)이며 연간 이혼은 무려 12만 5000건으로 결혼하는 사람들의 37.5%는 남남이 되고 있음을 알 수 있다. 여기에 실제 별거중인 부부·사실상 이혼이나 다름없는 상태의 부부를 합친다면 그 수는 훨씬 커질 것이다. 가정을 버티는 든든한 버팀목이자 가장 기본이 되는 부부 사이가 이처럼 엄청난 속도와 비중으로 남남이 되어가는 현실을 볼 때 우리의 가정은 지금 심하게 흔들리며 붕괴되고 있음을 쉽게 알 수 있다. 지금 우리는 가족해체의 시대에 살고 있는 것이다.

전통적으로 이혼원인의 수위를 차지하는 것은 성격차이·생활고·가정폭력·의무소홀이다. 특히 요즘처럼 경기가 어려운 경우에는 생활고가 높은 비중을 차지한다. 그리고 또 하나 빼놓을 수 없는 것이 바로 '외도'다. 실제 최근 영국의 이혼 원인 1위는 '혼외정사'이며 한국도 남편 혹은 아내의 외도가 이혼사유에서 상당히 큰 부분을 차지한다.

그런데 가만히 살펴보면 위의 사유들에는 공통점이 하나 있다.

모두 "행복할 때나 불행할 때나 건강할 때나 아플 때나 검은 머리가 파뿌리가 될 때까지 한결같은 마음으로 사랑하겠습니까?"라고 물어보시던 주례사 선생님의 질문에 "예."라고 대답했음에도 불구하고 그렇게 하지 않았다는 것이다. 부부 사이의 행복을 주고 돈독한 신뢰를 보장하는 것은 결국 각자 의무를 얼마나 충실히 수행하느냐에 달렸다. 내가 배우자 할 도리를 다하고 의무를 즐겁게 받아들일 때, 즉 의무감이라는 강제성이 아니라 서로에 대한 자발적인 배려가 생활화될 때 부부 사이는 더욱 돈독해지고 정이 쌓여갈 수밖에 없다. 그러나 의무를 소홀히 하거나 권리와 의무의 균형을 맞추려는 계산적 태도는 받고자 하는 것에 집중하게 하고 그로 인해 생각의 차이와 다툼이 더욱 커져 차츰 남남으로 돌아서게 한다.

가족이라는 공동체는 사랑·행복·봉사를 배우는 곳이다. 부모가 자녀들에게 제대로 된 살아 있는 교육을 실천하지 못할 때 자녀 또한 성숙한 자아를 갖기 어려우며 이들이 성장해 다시 부모와 비슷한 행동을 반복하게 된다. 의무를 소홀히 하고 권리에 집중하는 사람들은 이기적인 생각과 계산적인 행동을 하게 되며 그로 인해 행복한 삶을 살 수 없다. 이러한 결론은 이미 많은 과학적 근거를 가진 것으로 연구를 통해 수차례 증명된 사실이다.

주변의 행복하고 금실이 좋은 부부를 보면 이 점을 쉽게 알 수 있다. 그들은 서로에게 베풀고 배려해주기 위해 안달이 나 있지, 서로 못 잡아먹어서 으르렁거리는 사이가 아니다. 그들은 부부간에 원활한 소통이 살아 있으며 말할 때나 말하지 않을 때나 늘 소통이 상존하는 신뢰와 존중 그리고 사랑의 관계 위에서 함께 살아간다.

    J. F. 케네디의 말처럼 배우자가 나를 위해 무엇을 해줄 것인지를 따지지 말고, 내가 배우자를 위해 무엇을 해줄 것인지를 먼저 스스로에게 물어보고 행동해야 할 것이다.

뫼비우스의 띠
폭력이라는 이름의 습관

폭력은 언제나 반대되는 폭력을 불러일으킨다.
_사르트르

폭력은 무기를 이용해 억누르는 힘이라는 기본적인 뜻에서 그것이 적용되는 형태에 따라 매우 다양하게 나뉜다. 그러나 크게 보면 그것은 물리적 폭력과 정서적 폭력의 두 가지로 구분될 수 있다. 그런데 주목해야 할 것은 우리의 가정에서도 이 두 가지 형태의 폭력이 매우 흔하게 사용되고 있으며 그것은 가족 구성원 간의 소통을 단절시키는 주요 원인이 되고 있다는 사실이다.

한국보건사회연구원이 조사한 자료를 통해서 보면 2007년 부부 폭력 발생률이 40.3%였으며 그 중 물리적 폭력은 11.6%, 정서적 폭력이 33.1%, 부부간 성 학대는 10.5%였다고 한다(중복선택 포함). 특히 정서적 폭력은 33.1%로 놀라운 수치를 보였는데 배우자에 대한 모욕적 언행·상대를 위협하는 행위·배우자의 기물을 파손하는 행위 등이 여기에 해당한다. 이 통계를 보면 부부 10쌍 중 4쌍은 폭력을 경험했으며 10쌍 중 3쌍에서는 상대에게 모욕적인 말을 했거나 위협을 가하고 기물을 파손하는 등의 정서적 폭력이 발생했다는 말이 된다. 또한 10쌍 중 1쌍에서는 구타가 발생했다는 말이다. 게다가 남편이 아내에게 폭력을 가한 경우는 33.1%, 아내가 남편에게 폭력을 행사한 경우도 27.1%나 됐다고 한다. 이쯤 되면 가정 내 폭력이 과거처럼 술 먹고 들어온 아버지가 살림살이를 부수며 하는 추태에서 이제 부부간에 서로 치고받는 종합격투기로 진행됐다는 의미다.

또한 아동학대(가정 내 자녀폭력) 발생률은 66.9%로, 정서적 폭력이 63.3%로 가장 높았고 신체적 폭력 49.7%, 방임 2.7%, 성 학대 1.1% 순이었다고 한다(중복선택 포함). 실로 엄청난 비율의 아이들이 폭력에 그대로 노출되어 있다. 보호받고 사랑받아야 할 아이들이 부모가 휘두르는 폭력의 희생양이 되어야 하는 현실이 무척 안타까울 뿐이다.

그런데 이렇게 가정 내 폭력이 줄어들지 않는 이유 중 하나는, 폭력이 스스로를 더욱 폭력적으로 만들 뿐 아니라 상대방도 더욱 폭력적으로 만들어 모두에게 멈출 수 없는 습관으로 정착한다는 데 있다. 부부간의 폭언이나 협박 그리고 아이들에 대한 폭력은 가해자를 더욱 난폭하게 만들고 피해자들 또한 폭력적인 정서와 태도를 갖게 함으로써 사회적으로 확산된다. 결국 물리적 혹은 정서적인 폭력을 통해 상대방에게 의사를 전달하는 것은 상대의 반항심과 적대감을 불러오고 그것이 더 큰 폭력을 불러오는 폭력의 뫼비우스 띠를 형성하는데, 이런 악습은 지금 우리의 가정에서 하루빨리 사라져야 할 현상이다.

나는 가정폭력이 원인이 된 매우 극단적인 사례를 하나 알고 있다. 과거 내가 거주하던 지역에 아버지의 오랜 폭력을 견디지 못한 아들이 우발적으로 아버지를 흉기로 찌르고 자신은 스스로 목숨을 끊은 사건이 발생했었다. 이 사건을 접하게 된 주변 사람들의 충격은 상당했고 한동안 매스컴의 주목도 받게 되었다. 나 또한 이 일을 생각할 때마다 가정폭력이 한 가정을 얼마나 처참하게 무너뜨리는지 그리고 폭력이라는 것이 또 얼마나 위험한 것인지를 느낀다.

폭력은 더 큰 폭력을 부르며 쉽게 퍼져나간다. 가족 모두가 사랑을 통해 하나가 되기 위해서는 소통이 필요하다. 그러나 폭력은 소통은 단절시키고 가정을 위기로 몰아넣는다. 배우자와 자녀에게 지울 수 없는 상처를 주고 가정을 위기에 빠뜨리며 자신 또한 성공적인 삶을 살 수 없게 한다. 폭력이라는 이름의 몹쓸 습관이 사라져야 한다. 바로 그때 우리의 가정에도 소통이 살아 숨 쉬고 사랑이 넘쳐나는 따뜻한 보금자리가 될 수 있다.

무중력교육
학원군·학원양의 고된 하루

어린이 교육은 공부하고자 하는 마음과 흥미를 북돋아주는 것이다.
그렇지 않으면 책을 등에 진 나귀를 기르는 꼴이 된다.
_몽테뉴

가족은 함께 있어야 한다. 물론 일정한 시점이 되면 자녀도 독립하고 서로 떨어져 지내는 것이 자연스럽지만 그전까지 가정이라는 곳은 가족이 함께 지내며 서로 이해하고 사랑을 가르치고 배우는 소중한 장소다.

그런데 이상하게 많은 부모가 아이를 너무 일찍감치 가정으로부터 떠나보내려고 하는 것 같다. 그래서 부모와 아이가 함께하는 시간보다 학원선생님이나 학습교재 그리고 통학버스에서 보내는 시간이 더 많다. 겉으로는 아이에게 가장 중요한 것이 "사랑이다, 대화다, 자신감을 심어주는 일이다."라고 말하지만 정작 그것을 실천해야 할 부모들은 쏙 빠진 채 많은 부분을 남에게 맡기고 있는 셈이다.

많은 부모들이 어떤 학원·선생님·교재가 좋다며 아이들에게 가장 훌륭한 교육환경과 기회를 제공하기 위해 아낌없는 노력을 기울인다. 환경이 사람을 만든다는 말도 옳고, 개천에서 용이 나올 확률이 과거보다 현격히 줄어든 것도 통계적으로 맞는 말이다. 그런데 평안감사도 제 하기 싫으면 그만이고 마음이 움직이지 않고서는 몸도 움직이지 않는 법이다. 아무리 좋은 구슬을 계속 가져다 준다고 해도 꿰어내는 재주가 있어야 하고 또 꿰고 싶은 마음과 흥미가 있어야 한다. 그런데 지금 우리 부모들이 아이를 위한다며 시키는 그 많은 교육이 과연 마음과 흥미를 북돋아 아이 스스로를 성장시키고자 하는 교육인지, 아니면 그나마 남아 있던 마음과 흥미마저도 사라지게 하는 교육인지는 생각해볼 문제다.

이제 자녀를 둔 부모들은 연예인 매니저 뺨칠 정도로 아이들의 생활과 미래를 관리하고 설계하는 수준이다. 훌륭한 코치와 감독 밑에서 성장한 선수는 그만큼 좋은 선수가 될 확률이 높다. 그러나 그것도 운동에 소질이 있을 때 가능한 일이다. 아이들이 스스로 부딪히며 터득한 경험이 아니라 부모들이 던져주는 환경 속에서 적응하는 아이들은 수동적으로 변하고 인생의 계획과 자신의 장점마저도 제 힘으로 발견하고 성장시키는 능력을 상실하게 된다. 겉으로 보기엔 부모와 자녀가 활발하게 소통하는 것처럼 보이지만 실제로는 소통하지 않는 것이다. 부모는 자신이 설정한 목표에 자

밤 11시가 넘었는데도 학원 앞에 통학차량이 학생들을 기다리며 끝없이 늘어서 있다.

녀를 끼워 맞추고 자녀는 그렇게 따라야 한다고 생각하는 것은 소통이 아니다. 소통은 원활한 상호교류를 전제로 한다. 아이들의 꿈과 미래는 부모와 자녀 간의 원활한 소통을 통해서 설계되고 또 발전하여야 한다.

그런데 모든 것을 부모들이 나서서 해주고 있다. 조금만 이상기후가 보여도 부모가 알아서 점검해주고 조언해주니 어찌 보면 세상 살기가 참 편해진 것이다. 그러나 이 세상에 가장 힘들지만 꼭 필요한 기술이 있다면 그것은 혼자 알아서 하는 것이다. 혼자 알아서 하는 능력은 곧 자립이고 자조selfhelp다. 이런 능력이 결여된 아이들은 성인이 되어도 혼자 판단하고 행동하는 것이 서투르다. 집에 불이 나도 불을 꺼야 할지 말아야 할지를 우선 엄마한테 전화로

수능시험, 단 하루로 모든 것을 평가받는 날이다. 고사장 앞의 후배들이 선배에게 응원을 보내고 있다.

상의해야 할지도 모른다.

　많은 시간을 아이들과 함께 지내고 자녀의 미래를 위해 성심을 다하는 부모는 존경받아 마땅하다. 그러나 그것이 소통을 전제로 한 것이 아니라 부모의 욕심·경쟁심·열등감이 개입된 것이라면 자녀들에게 많은 고통을 안겨줄 수 있다는 것을 깨달아야 한다.

　2005년 통계청 자료를 보면 통계작성 이후 가구당 사교육비지출이 월 15만 원으로 최대치를 기록했다며 놀랄 만한 일이라고 했다. 그런데 2007년 한국 소비자원의 조사결과를 보면 가구당 사교육비 지출액이 50만 원을 훌쩍 넘어섰다. 실제 고등학생을 둔 가정에서는 한 명당 월 100만 원이 넘는 사교육비를 지출하는 경우도 많으며 이로 인해 부모의 노후설계는 사실상 불가능한 상태라고 한다. 게다가 사교육비를 감당하기 위해 부업을 하는 경우도 다반사라고 하니, 이쯤 되면 새끼가 알에서 부화될 때까지 보호하다 마지막에 새끼의 먹이가 되어주는 가시고시와 별반 차이가 없는 듯하다.

　나는 교육에 대한 부모의 열의와 노력을 평가절하하려는 것이 아니다. 자녀를 위해 희생하는 부모는 아름답다. 그리고 부모로서 당연한 일이기도 하다. 그러나 그것은 반드시 소통을 전제로 해야 한다. 자신의 등보다 커다란 가방을 메고 끙끙거리며 이 학원 저 학원을 바쁘게 돌아다니는 아이들이 스스로 무엇을 위해 공부해야 하는지 이해해야 하며 어떤 교재·어떤 선생님이 좋은지 평가하는 재주보다는 어떤 목표·어떤 가치가 소중한지를 알 수 있는 지혜가 필요하다. 부모의 욕심·경쟁심·열등감 때문에 유행에 따라 이리저리 휘둘리는 무중력 교육이 되어서는 곤란하다. 부모와 자녀 간 원활한 소통을 통해 자녀 스스로 동기를 부여하고 최선을 다하는 삶을 살 수 있도록 관심과 지원을 아끼지 않는 소통의 교육이 절실하다.

 ## 능통의 가정(기술·Way)
능히 잘하는 것, 능히 통하는 것으로 상대를
행복하게 만들자

지금까지 우리는 가족구성원 간의 소통 부재로 인해 초래되는 몇 가지 사례를 살펴보았다. 부부간의 소통·자녀와의 소통이 원활하지 못해 발생하는 이혼·폭력·무중력 교육 등은 지금 우리 사회가 짊어지고 있는 문제이며 우리 모두의 과제이기도 하다. 더불어 대부분 가정 문제가 소통의 부재로부터 야기된다는 점 또한 명백한 사실이다. 그러므로 지금 우리의 가정에 소통은 매우 절실하다. 가족구성원 간의 원활한 소통이라는 특효약을 통해 행복한 가정, 화목한 집안을 만들어가야 한다.

그럼 지금부터 소통이 살아 있는 가정, 나아가 능통의 가정을 만들기 위한 효과적인 기술 네 가지를 소개해보겠다. 이 중에서 꼭 필요한 것을 골라서 적재적소에 능통하게 잘 활용해보자. 그렇게 하면 가정은 이 세상 최고의 안식처가 될 것이고 행복한 삶의 튼튼한 기초가 될 것임을 나는 확신한다.

루즈윈 법칙
지는 것이 이기는 것

논쟁할 때는 조용하라. 맹렬함은 잘못을
결점으로 만들고 진실을 무례로 만들기 때문이다.
_조지 허버트

할아버지가 냉장고 문을 열자 그 안에서 전화기가 나왔다.

그리고는 TV 보는 데 몰두하고 있는 할머니에게 할아버지가 슬그머니 말을 거신다.

"당신 전화기 어디에 두었어요?"

"거기 식탁 위에 있을 거예요"

그러곤 아내 몰래 조용히 전화기를 탁자 위에 올려놓는 할아버지.

알면서도 모른 척해주고 할머니가 충격을 받을까 배려하는 모습이 마음을 잔잔하게 했던 모 기업의 광고다. 부부란 이렇게 서로 아끼고 감싸주고 이해하는 것이라고 생각한다. 서로 지지 않으려고 싸우는 것이 아니라 아픈 곳을 덮어주고 알고도 모른 척해주는 것, 즉 져주는 것이 미덕이고 애정이다.

그런데 져주는 것을 모르는 부부는 어떨까? 문제를 일일이 지적하고 훈계하기에 바쁠 것이다. 상대의 마음을 이해하고 결점을 덮어주기보다는 들춰내서 공격하고 기를 꺾어놓는 데 더 집중할 것이다. 한번 상상해보자.

"이봐, 할멈! 전화기 어디다 뒀어!"

"그걸 왜 나한테 물어요? 탁자 위에 봐요!"

"잘한다. 전화기를 냉장고에 넣어두고 한다는 소리가. 당신 혹시 치매 아냐?"

"치매 같은 소리 하지 마요. 내가 치매면 그러는 당신은 기억상실증이에요?"

"뭐야, 이놈의 마누라가 듣자 듣자 하니까!"

소통이 원활한 가정을 이루기 위해서는 부부간에 이기는 법이 아니라 져주는 법을 배워야 한다. 져주는 법에 능통해져야 화목하고 평화로운 가정을 이룰 수 있다. 지금까지 배우자를 이기기 위해 노력했다면 이제 그 노력은 밖에 나가서 남들과 경쟁할 때 사용하고 이제부터는 기술적으로 지는 방법에 열중해야 한다. 평생 져주고 살아도 이기고 지고를 따질 수 없는 것이 부부 사이이며 애정이다.

리즈 호가드의 《행복》이라는 저서에 보면 이혼 예측 정확도가 무려 90%에 달하는 워싱턴 대학의 존 고트먼 John Gottman 교수의 연구가 소개된다. 부부 수백 쌍을 주말 내내 하루에 12시간씩 함께 지내도록 한 후 관찰한 결과였는데, 특히 이혼할 것이라고 정확히 예측한 부부들에게서는 다음과 같은 공통점을 발견할 수 있었다고 한다.

- 의견이 맞지 않으면 즉각적으로 심한 말이 나온다.
- 배우자에게 불평보다 비난을 한다.
- 멸시감을 드러낸다.
- 걸핏하면 화를 낸다.
- 배우자의 의견을 들으려 하지 않는다.
- 부정적인 의미의 보디랭귀지를 사용한다.

위에 나온 공통점을 가만히 살펴보면 모든 것이 이기기 위해 사용하는 수단임을 알 수 있다. 어디에도 배우자에게 져주기 위해 사용하는 수단은 없다. 져주는 것이 중요한 이유란, 이기려는 태도는 상대를 누르고 내가 올라서야 하는 기본원리를 피할 수 없으며 그 과정에서 상대에게 상처를 주기 쉽기 때문이다.

사람 사이의 원활한 소통은 반드시 교감을 바탕으로 한다. 교감이 없으면 소통할 수 없다. 교감은 주고받는 것이며 오가는 것이다. 그런데 이기려고만 하면 그것은 교감이 아니라 한쪽 방향으로만 흐르는 것이 되고 지는 사람 입장에서는 항상 일방적인 상황이 된다. 그러나 져주는 것은 완전히 다르다. 우선 상대방의 입장이 존중되며 나의 입장도 존중되는 것이다. 이것이 져주는 기술이다.

그럼 져주는 기술을 살펴보자.

- 상대의 상황과 감정을 이해한다.
- 말하기보다는 듣기에 집중한다.
- 차이를 인정하며 받아들인다.
- 받기보다 더 주기 위해 노력한다.
- 믿음을 주기 위해 내가 먼저 행동한다.

져주는 것은 무조건 참고 인내하는 것이 아니다. 만약 그렇게 하라고 하면 대부분 사람들은 얼마 견디지 못하고 다시 이기려고 들 것이다. 그것은 자존심이 상하고 기분이 나빠지는 패배이지 져주는 것이 아니기 때문이다. 그러나 져주는 기술은 기분이 나쁘지도 않고 자존심이 상하지도 않는다. 져주는 행동으로 인해 평화가 찾아오고 애정과 신뢰가 더욱 돈독해진다.

내가 아는 분은 낚시를 통해서만 모든 인생의 재미를 느낀다. 그런데 문제는 다른 강태공들처럼 혼자서만 열심히 다닌다는 것이다. 바위낚시나 바다낚시가 위험하다고 아내가 성화를 하니까 아예 새벽에 몰래 도망을 나와서 친구들과 어울려 낚시하고 문자 하나만 달랑 보내는 사람이다. 그런데 이런 행동이 반복되고 시간이

서로 져주다 보면 부부는 결국 친구가 된다. 서해안 한적한 포구에서 남편은 낚시하고 부인은 옆에서 그림을 그리는 모습이 참 인상적이었다.

지나자 부부 사이가 급격히 나빠졌다. 그러다 어느 날 같이 낚시를 가기로 의견일치를 보았다. 그리고 낚시터에서 남편은 아내에게 자신이 낚시를 좋아하는 이유와 가족에게 무심했던 점을 진심으로 사과했다. 그러자 그동안 쌓였던 아내의 감정이 많이 사그라졌다. 그리고 지금은 낚시로 인해서 싸우는 일이 거의 없다고 한다.

  이것이 져주는 것이다. '왜 내가 낚시하는 걸 그렇게 못마땅하게 생각하느냐?'며 소리치고 줄기차게 집을 뛰쳐나가는 것이 아니라, 상대의 상황과 감정을 이해하고 믿음을 주기 위해 행동하는 것이다. 여러분은 져주는 기술을 가졌는지, 아니면 혼자 고독한 낚시를 하고 있는지 한번 생각해보자.

이해력
남자와 여자는 완전히 다른 존재다

평화는 폭력에 의해서가 아니라 오직 이해에 의해서 유지될 수 있다.
_아인슈타인

 소통이 원활한 가정의 중심에는 서로의 차이를 이해하고 존중하는 부부가 있다.
 앞서 한국의 이혼율이 매우 놀라운 수준이며 대표적인 이혼사유가 성격차이라는 것을 설명했다. 그런데 이 성격차이라는 것이 상당히 애매하다. 마음이 맞지 않는 것·말이 통하지 않는 것·가치관이 다른 것·습관과 사고방식에 큰 차이가 있는 것 등등, 성격차이라는 표현으로 묶어서 말할 만한 것이 상당히 많다. 하지만 부부간의 성격차이가 발생하는 가장 근본적인 이유는, 남자와 여자가 엄연히 다른 성性을 가지고 있고 다른 생각을 가진 완전히 다른 존재라는 데 있다. 이것은 차별이 아니라 바로 근본적인 차이를 말하는 것이다.

예를 하나 들어보자. 남자와 여자는 쇼핑하는 데 큰 차이를 보인다. 남자는 구매해야 할 물건을 정하고 그 물건을 가능한 빠른 시간 내에 찾아내 바구니에 넣고는 신속히 계산해야 한다. 만약 생각한 곳에 찾는 물건이 없으면 슬슬 화가 치밀어오른다. 그러곤 다른 매장을 대충 살펴본 후 사람 많고 복잡한 그곳을 서둘러 탈출한다.

그러나 여자는 다르다. 여자는 구매해야 할 물건의 디자인과 분위기를 대략 정하고 쇼핑센터에 가서 이것저것을 여유 있게 살펴본 후 최종적으로 결정한다. 당연히 시간도 오래 걸리고 많이 돌아다녀야 한다. 하지만 여자에겐 전혀 고통스러운 일이 아니다. 여자들은 쇼핑 자체를 즐기며 꼭 물건을 구매하기 위해서 쇼핑을 하는 것도 아니다. 쇼핑은 여성으로 하여금 시대의 흐름에 자신이 뒤처지지 않는다는 생각을 하게 하는 중요한 수단이다.

이렇게 쇼핑 하나만 보더라도 남자와 여자는 완전히 다르다. 이래서 남자와 여자가 처음 쇼핑을 할 때는 느긋하게 같이 시작하다가도 시간이 지나면서 서서히 차이를 보이는 것이다. 그러므로 남녀가 완전히 다른 존재라는 것을 이해하지 못하면 늘 싸우게 되고 상대를 이해하지 못하게 된다.

몸짓 언어에 관한 세계적인 권위자인 앨런 피즈와 바바라 피즈는 그들의 저서 《말을 듣지 않는 남자, 지도를 읽지 못하는 여자》에서 남자와 여자의 차이를 매우 재미있게 표현했는데 정리를 하자면 이렇다.

화장실을 가는 이유: 남자는 용변, 그것 한 가지뿐이다. 여자에게는 사교의 장이며 치료의 장이다. 그래서 화장실에 같이 들어간 두 여자가 아주 친하게 되어 평생 친구가 되기도 한다.

텔레비전 리모컨: 남자는 자기 마음대로 채널을 획획 바꾸고 리모컨을 장악하려고 한다. 여자는 채널을 잘 바꾸지 않고 광고를 보는 것도 개의치 않는다.

열 받을 때: 남자는 술을 마시거나 아니면 남의 나라로 쳐들어간다. 반면 열 받은 여자는 초콜릿을 먹거나(한국에서는 매운 음식일 것이다) 아니면 쇼핑센터로 쳐들어간다.

물건 찾기: 남자는 매일 양말을 찾아 헤매고 냉장고 문을 열면 더 헤매기 시작한다. 여자는 50미터 떨어진 구석에 있는 더러운 양말도 신기할 만큼 잘 찾아낸다.

길 찾기와 주차: 남자는 목적지에 이르는 길을 잘 찾아내고 백미러만 보고도 비좁은 공간에 차를 주차한다. 여자는 갑자기 사라진 열쇠 꾸러미는 잘 찾아내지만 도무지 방향 감각이 없어 길을 헤매기 일쑤이고 교통표지판도 제대로 못 읽으며 지도는 거꾸로 들고 읽는다.

대화 방식: 남자는 대화의 목적, 요점이 중요하며 해결책이나 조언하기를 좋아한다. 반면 여자는 인간관계, 대화 자체를 즐기며 다양한 주제를 한꺼번에 이야기하고 들어주는 것을 더 좋아한다.

어떤가? 이 정도면 고개가 끄덕여지지 않는가?

남자와 여자는 같은 종種에 속하는 것을 제외하고는 이처럼 완

남자와 여자는 엄연히 다르다. 그래서 서로 보완하며 살아가야 한다. 남편이 부인에게 자전거 타는 요령을 가르쳐주는 다정한 모습.

전히 다른 존재다. 그러므로 차이를 인정하지 않는 것은 남녀가 다르다는 것을 이해하지 못하는 무지無知라고 할 수 있다. 성격차이라는 것도 결국 이렇게 완전히 다른 남녀의 근본적 차이로 인해 발생하는 자연스러운 현상이다. 다르다는 것은 차이가 있다는 것이지 결코 나쁘다는 것은 아니다.

그러므로 많은 부부는 반드시 이 점을 이해하고 망각해서는 안 된다. 부부가 소통하며 행복하게 산다는 것은 서로의 차이를 이해하고 오히려 사랑스러워할 때 가능한 일이다. 그렇다고 평생 남편의 양말을 찾아주며 살라는 말은 아니다. 왜 양말 하나도 제대로 못 찾느냐며 소리 지르기 전에 상대를 이해하고 문제점을 차츰 개선해나가는 과정에 그 중요성이 있다. 소통이 원활한 부부는 서로의 차이를 인정하는 부부이며 서로의 차이를 사랑하는 관계이어야 한다. 가정의 평화와 부부간의 소통은 남자와 여자가 완전히 다른 존재라는 점을 인식하는 데서 출발한다.

남자와 여자가 완전히 다른 존재라는 것을 인식했다면 이제 남아 있는 것은 '인식을 실천으로 옮기는 일'이다. 여러분은 이제부터 화목한 가정, 사랑스러운 남녀관계의 전문가가 될 수 있다. 나 또한 남녀와 차이를 이해하고 생활화하는 데 노력하고 있다. 아내와 이야기할 때 섣부르게 해결책을 제시하지 않으며 잘 들어주고 공감하는 데 주력한다. 그리고 쇼핑센터에서는 물건을 찾기보다 분위기를 즐기며 시간이 많이 소요될 때는 아예 따로 간다. 또한 길찾기나 지도 보기로 인한 분쟁을 피하기 위해 네비게이션을 장만했으며 냉장고를 열 때에는 다른 물건들도 두루 살펴 나중에 쉽게 찾을 수 있도록 눈에 익혀둔다.

너무 쉽지 않은가? 자, 그럼 이제부터 남녀의 차이를 이해하고 실천하고 소통하자.

DIY
세 살 버릇 백 살까지 간다

습관은 나무에 새긴 글자와 같아서 그 나무가 자라남에 따라 확대된다.
_새무얼 스마일즈

부모와 자녀의 원활한 소통이 부모에게는 양육의 보람을 가져다주고 자녀에게는 가치관의 확립과 자립심을 높여준다. 그래서 소통이 원활한 부모와 자식 사이는 때로는 친구처럼 때로는 스승과 제자처럼 격을 지키고 존중하며 서로 사랑한다.

특히 부모의 가장 큰 의무 중 하나는 자녀의 독립심과 자립심을 키워주는 것이다. 자녀 스스로 미래를 개척하는 자립적인 존재가 되게 하기 위해서는 어떤 습관을 지니고 성장하게끔 도와주느냐에 달렸다고 해도 과언이 아니다.

옛말에 '얼러 키운 효자 없다.'라는 말이 있다. 부모가 자식의 응석을 모두 받아주면 그것이 습관이 되어 버릇이 없어진다는 뜻이다. 나 역시 자녀를 두고 있지만 솔직히 효도까지는 바라지도 않는

사랑으로 아이를 돌보는 것은 부모의 의무이지만 평생 아이처럼 돌보면 결국 아이를 망친다. 공원에 피크닉 나온 엄마와 아이의 평화로운 모습.

다. 긍정적인 생각과 건강 그리고 어려움이 있더라도 좌절하지 않고 지혜롭게 대처하는 그런 사람이었으면 한다. 아마 모든 부모의 기본적인 바람이 이와 비슷하지 않을까 싶다.

그런데 이 지혜로움·건강 그리고 긍정적인 생각이 모두 우수한 학업성적이 아니라 올바른 습관에서 비롯된다는 점이 중요하다. 버릇은 한번 굳어지면 평생 고치기 어려운 고질병이 되므로 어렸을 때 올바른 인성과 지혜로움을 키워주는 것이 가장 중요하다고 생각한다. 그럼 올바른 인성과 지혜로움을 키워주는 교육은 어떤 것이 있을까?

그것은 스스로 하게끔 하는 것이다. 즉 자립심을 키워 자기 스스로 부딪히며 배우는 일DIY: Do it yourself에 익숙해지도록 하는 것이다. 다양한 경험을 통해 자신의 길을 스스로 찾고 꿈을 추구하도록 믿어주고 맡겨두는 것이다. 더 좋은 교육환경·더 좋은 생활여건·더 좋은 음식보다 중요한 것은 자녀 스스로 문제를 해결하고 터득하게 하는 교육이다. 그러므로 소통이 원활한 부모와 자녀 사이가 되기 위해서는 부모가 자녀의 머리 위를 뱅뱅 돌며 간섭하고 코치하는 헬리콥터형이 되어서는 곤란하다. 최근에는 부모가 입사기업을 정해주고 시험을 보게 하는 것도 모자라 입사 최종합격을 했는데도 부모의 반대로 포기하는 경우 그리고 면접시험에 부모를 대동해 가는 경우까지 있다고 한다. 이것이야말로 소통이 사라지고 통제와 간섭에 적응한 아이들이 어른이 되어서까지 부모에게 의존하며 사는 잘못된 습관의 전형이라고 할 수 있다.

《제3의 물결》·《부의 미래》로 유명한 미래학자 앨빈 토플러Alvin Toffler를 한번 보자. 토플러의 첫 직업은 열 살 즈음 뉴욕 브루클린에 있는 세탁소였다. 세탁물이 서로 뒤엉키지 않도록 펴는 것이 그의 임무였는데, 그는 하루 일당으로 풍선껌 하나 정도를 살 돈을 받았다고 한다. 그리고 뉴욕대학에서 영문학을 전공한 후 미국 중서부 지방의 공업지대에서 전공과 전혀 상관없는 용접공으로 일했으며 주물공장 등 주로 생산현장의 밑바닥에서부터 삶의 치열한 경험을 하게 된다. 용접공으로 일할 때 노동조합에 글을 기고하기 시작한 것을 계기로 이후 신문사에서 일하며 의회와 백악관 출입기자를 하게 되고《포천Fortune》지에서 노동관계 칼럼니스트로 일한다. 그 후《미래쇼크》라는 책을 통해 뛰어난 통찰력이 주목받게 되면서 미래학자로 인정받기 시작하며 모두에게 익숙한《제3의 물결》을 통해 세계적인 권위와 명성을 얻게 된다.

　토플러는 풍족하고 여유 있는 환경에서 자라지는 못했지만 스스로 문제를 해결하고 자립하며 자신의 길을 가고자 하는 의지가 남보다 강했다. 그리고 그는 다양한 이력을 통해 여러 가지 경험을 함으로써 그것을 인생의 밑천으로 삼았다. 세탁소에서 일하던 아이가 영문학을 전공하는 대학생이 되었고 용접공에서 백악관 출입기자, 또 칼럼니스트에서 작가 그리고 세계적인 미래학자가 된 것이다. 어디에도 부모가 코치해서 직업을 바꿨다는 말은 없다.

　한 우물을 파든, 여러 우물을 파든 우물을 파는 기술과 노력이 온전히 자기 의지와 경험에 의한 것이라면 문제가 되지 않는다. 이제 부모들은 내 자식이 남보다 뛰어난 사람이 되었으면 하는 바람으로 동분서주할 것이 아니라 자녀 스스로 환경에 적응하며 강인한 정신과 지혜를 갖출 수 있도록 습관을 정착시키는 데 주력해야 할 것이다. 습관이라는 능통의 힘이 자녀 스스로 인생을 개척하게 도와주고 부모와 자녀 사이의 원활한 소통을 불러오기 때문이다.

토크쇼
개인기로 대화와 소통의 물꼬 트기

가장 과묵한 남편은 가장 사나운 아내를 만든다.
_디즈레일리

세계 4대 성인 중 한 명으로 불리는 소크라테스의 옆에는 그 명성에 뒤지지 않는 크산티페라는 악처가 있었다. 그녀는 소크라테스에게 노상 바가지를 긁어대고 남편에게 걸레 빤 물을 끼얹은 것으로도 유명하다.

그런데 가만히 생각해보면 소크라테스 같은 사람을 남편으로 둔 여자치고 악처가 안 될 인물이 과연 어디 있을까 하는 생각이 든다. 30년이 넘게 차이가 나는 연하의 여자이면서 자신의 자식을 낳아 키워주는 아내를 사랑으로 감싸주지는 못할망정 거의 매일 토론과 연회로 외출을 밥 먹듯 하고 집에는 돈 한 푼 벌어오지 않는데 어떤 아내가 내 남편 예쁘다고 하겠는가? 남들 앞에서는 그렇게 말 잘하고 논리정연한 소크라테스가 정작 아내에게는 무심했던 것이 악처를 만든 주요 원인이었다. 소통이 사라진 가정에서 어떻게 원만한 부부관계를 기대할 수 있겠는가?

크산티페여, 그대는 악처의 오명을 쓴 불쌍한 여인이었소. 그리고 소크라테스여, 당신은 가화만사성을 철저하게 실천하지 못한 성인이오.

사람이 커뮤니케이션을 하는 수단으로 가장 널리 사용하는 것은 언어다. 아무리 영장류 동물이라 하더라도 인간만큼 복잡하고 다양한 의사소통 수단을 가지고 있지는 못하며 특히 언어는 인간이 가지고 있는 최강의 무기이자 뛰어난 유산이다. 그런데 이렇게 대단한 기술을 가지고 있으면서도 사람 사이에는 늘 소통의 문제가 발생한다. 그것은 언어를 적절히 사용하는 데 서툰 문제와 적절치 못한 타이밍 그리고 언어 사용 자체에 인색하다는 복합적인 원인이 있다.

과거 과묵하고 조용한 가장이 존경받던 시절이 있었다. 그런데 요즘 이런 이야기를 했다간 원시인 취급을 받을 것이다. 그러나 아직도 몇몇 집에서는 하루에 몇 마디만 하고 사는 곳이 있다. 나 왔다, 먹자, 자자. 이렇게 세 마디로 하루를 사는 집이 있다면 그 집 안에 소통이 살아 있을 확률은 거의 제로다. 가족 간 소통이 살아 숨 쉬고 유대를 강화하는 최고의 수단은 대화다. 생존에 필요한 말만 하지 말고 생활에 필요한 말을 적절히 함으로써 보다 화목하고

단란한 가족의 모습은 언제 봐도 흐뭇하다.

아름다운 가정을 얼마든지 꾸밀 수 있다. 그러므로 가족 구성원 모두는 너나 할 것 없이 수다쟁이가 될 마음의 준비와 기술을 연마해야 한다. 그것도 아주 능수능란하게 말이다.

그런데 갑자기 말을 꺼내고 대화의 장을 마련해야 한다는 의무감 때문에 어느 날 갑자기 "자, 모두 모여서 말하자." 내지는 "대화하자. 아무 말이나 한번 해보자." 이렇게 해서는 곤란하다. 평소에 대화연습이 부족했다면 마음의 벽이 이미 형성되어 있어 효과가 별로 없기 때문이다.

그러면 어떻게 해야 할까? 그 해답은 능통의 힘을 빌리는 것이다. 누구나 자신이 잘할 수 있는 것이 있다면 그것을 활용해 가족 간의 화기애애한 분위기를 이끌고 이를 계기로 대화 시작하면 된다.

얼마 전 어떤 여배우가 남편과 다투고 난 후 본인의 화해 방법을 이야기한 적이 있었다. "맛있는 음식을 손수 조리해서 차려놓고 남편과 식사하다 보면 자연스럽게 풀려요."라고 말한 것이 생각난다. 모든 사람이 요리사만큼 뛰어날 필요는 없다. 그러나 누구나 자신이 잘하는 것, 능통한 것을 활용하면 대화를 시작하는 데 큰 도움이 된다. 예를 들어 피아노 연주 실력이 괜찮다면 가족이 모인 자리에서 멋지게 피아노를 연주하며 분위기를 부드럽게 이끌어도 좋고, 여행을 좋아하고 괜찮은 장소를 알고 있다면 가족과 함께 여행계획을 짜며 참여를 유도하는 것도 괜찮은 방법이며 손재주가 좋다면 내가 만든 예쁜 사진틀에 가족사진을 넣어 모두에게 선물하는 것도 좋다. 무엇이든 능히 잘할 수 있는 것이 있다면 그 점을 활용해 부드러운 대화를 시작할 수 있기 때문이다.

단, 반드시 앞서 말한 능통의 조건 '챕스C. H. A. P. S.'에 적합해야 한다. 만일 여러분이 술 먹고 늦은 밤에 귀가하는 것을 잘한다고 하면 그것은 보유하고 있는 최악의 습관이지 최상의 능력은 아니기 때문이다. 만일 이런 기술(?)을 활용한다면 소통은 더욱 심하게 단절되고 영영 사라질지도 모른다.

나는 집 안에서도 수다쟁이이다. 직업이 강사라 밖에서 떠들고 왔으면 집에서 조용해야 하는데 그렇지 못하다. 아내와 딸 앞에서 일상을 이야기하고 수다를 떠는 것을 좋아한다. 재미있게 말해주고 반응을 살피다 보면 어느새 아내 옆에 딸아이도 찰싹 달라붙어서 아빠가 하는 말을 들으며 깔깔대고 웃는다. 나는 재미있게 말하는 재주가 있다. 그래서 가지고 있는 최상의 기술 '수다'를 열정적으로 적용하여 가족 구성원과 소통한다.

이제부터 여러분이 무엇을 잘할 수 있는지 살펴보고 그것을 가족 간의 원활한 소통이 자라나게 하는 수단으로 활용하기 바란다. 잘하는 것이 있다면 그곳엔 반드시 소통도 있게 마련이다.

러브 보디랭귀지
사랑은 몸짓을 타고 전달된다

마이클은 린다에게 사랑한다고 말했다. 제이슨도 린다에게 사랑한다고 말했다.
그러나 린다는 제이슨을 선택했다. 왜냐하면 제이슨이
린다에게 사랑한다고 말할 때는 마이클처럼 팔짱을 끼지 않았기 때문이다.
_심윤섭

소통이 원활한 가정을 원한다면 모두 사랑의 몸짓언어를 제대로 익히고 활용할 수 있어야 한다. 아무리 말로 사랑한다고 해도 그 의미의 대부분은 음성·어투·표정·손과 발의 동작 등 몸짓을 통해 전달되기 때문이다. 실제로 우리가 전달하는 메시지에서 말이 차지하는 비중은 불과 10% 남짓밖에는 되지 않는다. 나머지는 대부분 음성과 몸짓을 통해 전달된다. 그러므로 우리는 전화로 상대방과 이야기할 때는 그 말의 진의를 한참 들은 뒤에야 이해하지만 얼굴을 마주 보고 이야기하게 되면 만나본 지 몇 분 혹은 몇 초 만에 파악할 수 있다.

　화목한 가정·소통이 원활한 가정의 중심에는 사랑이 존재한다. 그런데 이 사랑이라는 것이 단순히 말로만 해서는 별다른 효과를 얻을 수 없다. 사랑을 능수능란하게 표현할 줄 알아야만 사랑하는 감정이 상대에게 제대로 전달되기 때문이다. 사랑하는 마음만으로는 부족하다. 그것을 제대로 표현하지 못하면 관계는 꼬이게 되고 결과는 원하지 않는 방향으로 흐른다.

그럼 지금부터 소통이 원활한 가정을 위해 활용 가능하고 유용한 능통의 몸짓언어를 소개해보겠다.

안아주기(포옹)

너무 흔하기 때문에 대부분의 사람들이 잘 알고 있다고 믿는다. 그러나 가족에게 안아주기를 하는 데 인색하지는 않았나 생각해 볼 필요가 있다. 내가 강의를 진행할 때 강의참석자에게 가족 간 스킨십으로 안아주기를 얼마나 자주 하는지 물어보면, 대부분 부부간에는 한 달에 한두 번도 힘들고 그나마 자녀들에게는 그보다 조금 많은 정도다. 가급적 기회가 될 때마다 피하지 말고 스스럼없이 안아주기를 할 수 있는 문화를 정착시키는 것이 자녀의 정서와 부부간의 애정에 긍정적으로 작용한다.

안아줄 때는 두 팔을 벌려 안아주는 것이 바람직하며 특히 아이에게는 눈높이를 맞추어 해주는 것이 좋은데, 부모가 자세를 낮추어 아이의 눈높이로 맞추거나 아이를 들어 올려 부모의 눈높이로 맞추는 것이 좋다. 만약 하체는 고정한 채 상체만 낮추어 안아주게 되면 하체가 밀착하지 못하기 때문에 그만큼 거리감을 느끼고 형식적인 포옹이 되기 때문에 효과가 크게 반감된다.

또한 포옹을 한 후 두 팔은 상대의 등에 밀착하여 그대로 두는 것이 좋은데, 만일 위로를 해주거나 격려를 해주어야 할 때는 감싼 팔의 손바닥을 이용해 천천히 쓰다듬거나 다독여주는 것이 좋다. 단, 다독여줄 때는 그 속도를 2~3초에 한 번씩 느리게 등을 쳐주는 것이 좋다. 만일 1초에 2~3회씩 빠르게 할 경우에는 포옹을 그만 하자는 의도 혹은 포옹이 어색해 거리감이 있다는 몸짓언어가 된다.

위팔 손으로 감싸기

부부간의 애정을 표현할 때 남자들이 흔히 할 수 있는 몸짓언어다. 아내와 나란히 서 있거나 앉았을 때 손으로 어깨 아래 위팔 부근을 감싸 쥐고 지그시 눌러주거나 남편이 있는 방향으로 천천히 당기면 몸이 더 밀착하게 되고 자연스럽게 아내가 머리를 어깨에 기대게 되거나 몸이 서로 정면을 바라보게 되면서 두 눈을 마주하게 되거나 키스가 용이해진다. 아내의 위팔을 감싸쥐는 것은 '당신은 나의 여자'라는 메시지를 강하게 주며 곧 끌어안고 키스해주고 싶다는 의미도 함께 포함한다. 그러니 남자들은 아내에게 사랑하다는 말과 함께 아내의 위팔을 잘 공략해보기 바란다.

어깨에 손 얹기

자녀에게 어깨에 손 얹기는 매우 유용한 몸짓언어다. 이것은 대부분 신뢰와 격려를 포함하는 메시지다. 힘들고 지친 자녀에게 다가가 어깨를 감싸 쥐고 손바닥으로 톡톡 쳐주면서 "잘할 수 있어." "너를 믿는다." "힘내라."라고 말해주면 그 효과가 즉시 나타난다.

다만 너무 갑자기 강하게 손을 얹으면 위압감을 줄 수 있으므로 대화를 진행하면서 자연스럽게 손을 얹어 메시지를 전달하면 효과가 높아지고 부모와 자녀 간 신뢰형성에 큰 도움이 된다. 또한 부부간에 사용될 때는 친구나 동료 같은 느낌을 준다. 하지만 부드러운 애정표현이라기보다는 다소 사무적인 정서가 전달되기 때문에 자주 사용하는 것은 바람직하지 않다. 특히 보수적인 성향이 강한 남편에게 사용했을 경우에는 역효과가 날 수도 있으니 유의해야 한다.

손가락 깍지 끼기

부부간에 쉽게 할 수 있는 것은 손잡기인데, 그중에서도 서로의 손에 부드럽게 깍지를 끼는 것은 매우 유용한 몸짓언어 중 하나다. 포옹은 장소나 때에 따라 쉽게 하지 못할 수도 있지만 손가락 깍지 끼기는 장소 불문하고 쉽게 할 수 있는 효과 높은 사랑표현이다. 깍지를 낄 때는 다섯 손가락을 전부 끼우는 것이 좋으며, 길을 걸을 때는 적당히 리듬을 타며 흔들어주는 것이 좋고, 나란히 앉아 있을 때에는 상대의 손등을 볼 수 있게 깍지를 낀 후 손바닥을 뒤집어 주는 것이 자연스럽다. 부드럽게 손가락 깍지 끼기를 한 후 사랑한다고 말해보라. 아마 그 말의 효과가 몸짓언어를 타고 더 강하고 진실되게 상대에게 전달될 것이다. 또한 아버지와 딸·엄마와 아들·엄마와 딸 사이에도 친근감을 주고 사랑을 표현하는 데 좋은 몸짓언어다. 다만 아버지와 아들 사이에는 잘 하지 않는다. 일반적으로 남자들은 동성 간의 스킨십을 거북하게 생각하는 특성이 여성보다 훨씬 강하기 때문이다.

하이파이브

잘했다는 칭찬의 의미와 마음이 통한다는 느낌을 함께 만들 수 있는 몸짓언어다. 가족 구성원 누구든지 하이파이브를 할 수 있다. 부모가 자녀에게 먼저 손을 내밀어도 좋고, 자녀가 부모에게 먼저 내밀어도 효과 만점이다. 가족이 하나의 팀으로 협동심과 신뢰를 바탕에 두고 있다는 매우 유익한 느낌을 서로에게 심어주며 실제로 마음이 통하는 효과를 높일 수 있다. 오늘 당장 가족들 간에 하이파이브를 해보라. 집안에 활기가 돋고 대화가 싹트게 될 것이다.

1970년대 해리 할로Harry Harlow 교수는 붉은 원숭이 실험을 통해 스킨십의 중요성을 밝힌 것으로 유명하다. 두 종류의 엄마 원숭이 모형을 새끼 원숭이들이 있는 우리에 넣어 실험한 것인데, 하나는 가슴에 젖병이 달려 있지만 차갑고 딱딱한 철사로 만들어진 것이었고 다른 하나는 먹을 것은 없지만 포근한 헝겊으로 만들어진 것이었다. 그런데 새끼 원숭이들은 먹을 것이 필요할 때만 철사로 된 어미 원숭이에게 갔을 뿐, 나머지 시간에는 헝겊으로 된 어미 원숭이와 함께 지냈다.

부모와 자식 간의 스킨십은 설명이 필요 없을 만큼 매우 중요하다. 아이들을 엄하게 키우는 것을 선호하는 부모도 있겠지만 엄하게 키우는 것과 스킨십을 멀리하는 것은 전혀 관계가 없다. 잘못은 따끔하게 꾸짖고 때로는 벌을 주더라도 사랑의 표현에 있어서는 절대로 인색해서는 안 된다.

부부간의 사랑표현도 마찬가지이다. 우스갯소리로 남편이 퇴근하고 들어오면 아내에게 하는 말이 "먹자, 자자, 내 아이를 낳아줘."라고 하는데 요즘 세상에 그렇게 무뚝뚝해서는 살아남기 힘들다.

소통이 원활한 가정을 원한다면 지금 당장 러브 보디랭귀지를 적극적으로 활용하라. 사랑의 몸짓언어는 대화의 물꼬를 터주고 화목한 가정을 이루는 데 매우 훌륭한 방법임을 여러분 스스로 확신하게 될 것이다.

Part 7 능통의 경영
조직과 고객, 구성원이 능히 통하고 있는가

 불통의 경영(벽·Wall)
경영자와 구성원이 소통하지 못하는 일터는 지옥이다

지금까지 나는 자아와의 소통·가정의 소통이 왜 중요한지 그리고 소통 부재로 인한 모습과 소통이 자리 잡기 위해 취해야 할 능통한 방법들에 대해서 소개했다. 이제 많은 분이 확고한 자아와 화목한 가정을 만들어내거나 유지하기 위한 능통의 힘을 충분히 이해했을 것으로 믿는다.

그럼 지금부터는 우리가 하루의 절반을 보내는 곳, 일생의 절반을 함께 하는 '일터'로 화두를 옮겨볼까 한다. 사실 내가 가장 주안점을 두고 강조하고 싶은 것은 일터의 소통과 그로 인한 기업과 개인의 동반성장과 행복이다. 그런데 무엇 하러 자아와 가정이라는 주제까지 다루면서 먼 길을 그렇게 빙 둘러왔을까?

그것은 자아와의 소통·가정의 소통이 부족한 사람은 일터에서의 소통 역시 부족할 수밖에 없기 때문이다. 집에서 새는 바가지는 밖에서도 샌다. 연습을 게을리 한 선수는 시합에서 패할 수밖에 없으며, 총을 쏘지 못하는 병사는 전쟁터에서 살아남지 못한다. 그러므로 일터의 소통도 자아와 가정을 빼놓고는 말할 수 없다.

이제 본격적으로 불통의 경영·소통하지 못하는 일터에 대해 주의 깊게 살펴보자.

구성원이 경영자를 신뢰하지 않고, 경영자가 구성원을 믿지 못하는 조직에서는 불신이 생겨나 모든 것을 앗아간다. 이런 조직은 권위주의·노사갈등이 상존하고 있으며 그로 인해 경영위기와 파산 등 개인과 조직을 모두 위험에 빠뜨리는 결과를 초래한다. 소통이 없는 일터는 지옥과 같다. 일하기 싫은 곳·만나기 싫은 사람을 어쩔 수 없는 이유로 참고 견뎌야 한다면 어떤 일터라도 좋은 제품·월등한 서비스·탁월한 경쟁력을 기대하기는 어렵다.

경영자와 구성원은 같은 배를 탄 운명공동체다. 그러나 실제 현장에서는 따로국밥처럼 각자 다른 생각과 행동을 하게 된다. 그 이유는 바로 소통이 원활하지 않기 때문이다.

소통 부재는 조직 구성원 간의 상투적이고 형식적인 관계를 만들어내고 오해와 갈등이 확대되기 쉬우며 협력과 조화를 통한 조직력의 극대화를 어렵게 한다. 과거 나는 폐쇄적인 의사전달 구조와 권위주의가 팽배해 있는 어떤 조직을 관찰하게 됐는데 그곳은 경영자와 구성원 간의 커뮤니케이션이 매우 일방적이고 제한적인 모습을 띠고 있었다. 경영자의 의도가 구성원에게 제대로 전달되지 못하는 것은 물론 소통 부재로 인한 크고 작은 소송·높은 이직률 그리고 노사갈등이 상존하고 있었다.

결국 소통 부재가 기업의 성장을 저해하고 경쟁력을 약화시키는 고질적인 문제를 안고 있었는데도 불구하고 대부분 원인을 구성원의 정신적 해이·원가 상승·경쟁 심화 등 단순한 외부요인과 가부장적인 판단으로 일관했다.

그러나 만일 소통이 원활한 조직에서 이런 문제를 접했다면 분명히 진단과 처방이 그들과 달랐을 것이다. 소통이 원활한 조직은 문제의 원인이 어디에 있는지 구성원 간의 교류를 통해 정확히 알아낼 수 있으며 훌륭한 팀워크를 바탕으로 효과적인 방법을 적용해가며 적극적으로 해결해나간다. 왜냐하면 소통은 장점을 공유하고 단점을 보완하며 마음을 통하게 하기 때문이다.

여러분의 일터는 어떤가? 눈빛만 봐도 서로 통하는 동료나 상사와 일하고 있는가, 아니면 아무리 말해도 도무지 말이 통하지 않는 사람들과 일하고 있는가?

변화와 경쟁의 시대에 지금 우리가 취해야 할 가장 최우선의 행동은 원활한 소통이 조직 내에 자리 잡을 수 있도록 모두의 노력을 집중하는 것이다.

일이 사람에게 중요한 기본적인 목적은 생계유지의 수단이라는 것이지만 지치지 않고 일할 수 있는 원동력은 마음속에 있기 때문이다. 이제 그 마음의 문을 열어줄 소통의 열쇠를 찾아 능통의 경영을 향해 가야 할 때다.

자, 그럼 능통의 경영을 위해서라도 우선 불통의 경영이 낳는 벽부터 알아보자.

원 웨이 티켓
일 시키고 돈 주기, 일해주고 돈 받기

19세기 말 과학적 관리론을 통해 생산성 향상에 크게 기여한 프레데릭 테일러의 업적은 인류사에 남을 만큼 대단하다. 그러나 테일러가 남긴 부작용 또한 만만치 않은데 특별히 경영자와 구성원의 소통이라는 측면에서 과학적 관리론을 보면 그것은 '명령과 복종'이라는 단어로 압축될 수 있다. 이 이론의 핵심에는 관리자가 일을 시키면 노동자는 무조건 따라야 하고 심지어 쉬어야 할 시간과 일해야 할 시간도 노동자의 의사와 상관없이 정해진 대로 해야만 했다. 게다가 어떤 생각이나 아이디어를 가진 노동자보다는 시키는 대로 성실히 작업량을 소화해 낼 수 있는 체력과 근면성을 가진 사람이면 충분했다. 노동자 또한 많은 작업량의 대가로 다른 노동자에 비해 상대적으로 높은 임금을 받는 것으로 충분히 과학적 관리론의 지지자가 될 만했다.

그러나 19세기 생산관리 이론을 21세기 일터에 그대로 적용하는 경영자와 그것을 운명으로 받아들이는 구성원은 여전히 많다. 일 시키고 돈 주고, 일해주고 돈 받는 일터가 바로 그런 곳이다. 같은 장소에서 함께 일하지만 서로 다른 생각을 하며 다른 곳을 바라보는 태도, 서로에게 냉소적이며 매사에 계산적인 생각과 행동, 조직의 위기와 어려움 앞에서 자기 살 궁리만 하는 이기심이 모두 경영자와 구성원의 소통 부재에서 오는 모습들이다.

오늘날 일터의 화두는 무엇인가? 그것은 생존과 성장일 것이다. 어떤 일터를 막론하고 우선 살아남아야 한다는 것에 대해 반문할 곳은 한 군데도 없다. 또한 단순히 살아남는 것을 넘어 발전하고 성장하는 것이야말로 모든 기업이 원하는 이윤과 가치의 실현을 보장할 수 있는 유일한 대안이다. 결국 치열한 경쟁과 악조건 속에서도 살아남아서 발전하고 성장해야 하는 것이 기업이 해내야 할 과제이자 목표이다.

그러나 이 목표가 말처럼 그렇게 녹록하지가 않다. 중소기업청 자료를 보면 2006년 1/4분기에 부도를 낸 기업은 총 645개였으며 이 중 개인기업이 30.1%, 법인기업이 69.9%였다. 영업일수를 제외하면 하루 평균 10개 업체가 도산을 한다는 의미다. 그리고 이 중에는 10년 이상 된 기업도 36.6%에 달했으며 도산원인으로는

소통하지 못하는 일터는 생존하지 못하고 결국 문을 닫게 된다(게재된 사진은 본문의 내용과 관련이 없음).

판매부진이 46.6%로 전체 1위를 차지했다. 하지만 2008년 말에 들어와서는 그 수치가 더욱 심각해져서 하루 평균 15개 업체가 도산하며 부도율 또한 사상 최고치를 매달 갈아치우고 있는 실정이다.* 그만큼 기업의 입장에서는 발전과 성장을 기대하기 이전에 생존하는 것조차도 결코 만만치가 않은 것이 현실이다.

그렇다면 과연 이렇게 어려운 환경 속에서 우리의 일터는 어떻게 변화해야 할까? 그것은 구성원들로부터 최고의 업무능력을 이끌어내고 그것을 바탕으로 생존과 성장이라는 두 마리 토끼를 잡을 수 있도록 모든 구성원이 소통하는 조직을 실현하는 것이다. 소

* 〈2006년 1/4분기 부도기업의 부도원인 분석결과〉 중소기업청 동향분석팀, 2006. 07, 공개자료.

경기한파로 2009년 1월에 찾은 남동공단은 유난히 을씨년스러웠다(게재된 사진은 본문의 내용과 관련이 없음).

통은 꽉 막힌 곳을 뚫어주고 조직에 생기를 불어 넣으며 에너지 넘치는 일터로 만드는 일등공신이다. 사람과 기계의 다른 점이 있다면 그것은 바로 감정이라는 소프트웨어가 인간에게 더 크게 작용한다는 것이다. 그리고 감정은 소통이라는 전류가 흐르지 않으면 막히고 비틀어져 몰골 흉한 모습으로 변형된다. 기계라면 정해진 작업방식에 따라 작동하겠지만 사람은 그렇지 않다. 일터에서는 함께 일하는 사람들이 공유하는 감정이 중요하며 리더와 구성원의 교감이 일 처리와 능률에 절대적인 영향을 끼친다. 긍정적인 감정·원활한 일 처리·목표지향적인 행동은 모두 소통을 통해서 가능한 것들이다.

그러나 아직도 많은 일터가 소통이라는 훌륭한 도구보다는 관

소통 부재는 다양한 형태의 갈등과 충돌을 야기한다. 장기 천막농성 중인 사진.

리자와 노동자라는 구시대적 사고를 통해 생존과 성장을 기대하고 있다. 최근 직장인들의 이직사유를 조사한 몇몇 자료에서 공통으로 나타난 원인 1위는 '회사의 비전이 없어서'였다. 원인은 여러 가지가 있을 수 있겠지만, 곰곰이 생각해보면 비전이 실제로 없는 경우를 제외하고는 소통 부재로 인해 비전을 인식하지 못하거나, 강요된 비전을 어쩔 수 없이 따라야 하는 경우라고 할 수 있다.

구성원이 기계처럼 시키는 일만 해야 한다면 일해야 하는 이유와 목적에 대한 동기가 부족해지고 일할 의욕도 사라지게 되며 최고의 업무능력을 발휘하기도 어려워진다. 최고의 업무능력은 노동력을 제공하고 그 대가로 받는 임금만으로 해결될 수 있는 문제가 아니기 때문이다.

도요타 자동차를 대표하는 생산방식을 보자. 경기침체로 인해 도요타 자동차 역시 사상 유례가 없는 어려움을 겪고는 있지만 도요타의 생산방식TPS: Toyota Production System만큼은 여전히 높이 살 만하다. 도요타 생산방식의 핵심은 구성원들이 능동적이고 적극적으로 현장의 문제점을 개선하고자 하는 노력에서 출발하는 것으로 직원들을 시키는 일만 하는 수동적 인간으로 보는 것이 아니라 적극적으로 업무의 개선점을 찾아내는 능동적 인간으로 보는 것이다. 결국 원활한 소통이 조직의 중심에 위치한다는 의미다.

우리의 일터는 지금 소통이 절실히 필요하다. 소통이 없으면 일터의 생존을 보장할 수 없고 일할 의욕을 찾을 수 없게 된다. 눈빛만 봐도 통하는 그런 사람들과 함께 일해야 한다. 일 시키고 돈 주고, 일해주고 돈 받는 원시적이고 수동적인 형태를 버리고 일이 좋아서 일하고 사람이 좋아서 일하는 소통의 일터가 되어야 한다.

트윙클 스타

반짝이는 별이 주는 상처

한국인의 정서에 가장 알맞게 소통을 표현한 단어가 '이심전심以心傳心'이 아닐까 한다. 말하지 않아도 서로 마음이 통하는 것이 궁극적으로 희망하는 모습이기 때문이다. 어찌 보면 소통의 목표는 소통이 필요 없는 상태를 만드는 것이라고 할 수 있다. 이심전심의 의미처럼 소통은 겉으로 보이는 모습이나 외형에 집착하지 않고 상대의 내면과 뜻이 통하고 마음이 교류하는 것이다.

그러나 경영자와 구성원 그리고 구성원 간에 소통하지 못하는 조직은 상대의 진심과 내면을 이해하기 보다는 겉으로 보이는 모습이나 외형을 추구해 조화와 팀워크를 이루어내기 어렵다. 막연한 비전을 제시하고 결과를 만들어내기 위해 수단을 가리지 않는 리더 그리고 일과 직업에 만족하지 못하고 반복적으로 방황하는 구성원의 모습이 그렇다.

화려한 비전을 제시하는 리더

소통이 원활할 때 리더와 구성원은 사실을 근거로 개방적인 의사교환을 하며 그로 인해 리더는 과장되게 부풀려지거나 화려한 전망이나 약속을 남용하지 않는다. 그러나 소통이 부족한 리더와 구성원의 관계에서 리더는 목표를 달성하기 위해 직원들을 어떻게 해서든 이끌어야 하고 그러기 위해서는 그럴듯한 비전과 전망을 제시해 도전할 만한 흥미를 유발하려고 한다.

그러나 이러한 전망과 비전은 모두가 공감하는 공동의 목표와 동떨어지거나 때로는 파격적인 것이어서 단기적인 협동과 의욕을 고취시킬 수는 있어도 궁극적이고 장기적인 조직역량으로는 연결되지 못한다는 단점이 있다. 게다가 그 부작용 또한 만만치가 않은데, 리더의 약속과 말이 지켜지지 않았을 때 혹은 결과에 대한 해석이 서로 다를 때 조직력은 급속도로 약해지고 리더와 구성원 간의 신뢰관계에도 악영향을 미친다. 실제로 우리의 산업현장에서 벌어지는 다양한 형태의 노사갈등·파업·직장폐쇄 등의 경우가 대부분 리더와 구성원 간의 소통 부재로 인해 발생하는 것들이다.

감성지능EQ의 창시자 다니엘 골먼은 그의 저서 《감성의 리더십》을 통해 리더십의 유형을 여섯 가지로 구분했는데, 이를 통해 우리는 공감을 불러오는 리더십과 불협화음을 불러오는 리더십의 기준이 바로 소통능력이라는 것을 알 수 있다. 여섯 가지의 리더십 중 특히 '전망 제시형 리더'와 '선도형 리더'의 차이가 리더와 구성원 간의 공감을 중심으로 구분됨은 특별히 주목할 만한데, 그 내용을 요약하면 이렇다.

전망 제시형 리더는 사람들과 꿈을 공유하며 구성원 각자의 일이 얼마나 중요하고 어떤 위치를 차지하는지 상기시킴으로써 일상에 원대한 의미를 부여하는 사람이다. 또한 영감을 불어넣는 능력이 탁월해 구성원들이 소속감을 느끼고 최선의 결정을 내릴 수 있도록 권한을 주고 지식을 공유하며 널리 퍼뜨리는 사람이다.

그러나 선도형 리더는 도전할 만한 흥미로운 목표를 제시하는 능력은 뛰어나지만 오로지 더 좋고, 더 신속한 것에만 정신이 팔려 있으며 다른 모든 사람에게도 그렇게 하기를 요구한다. 일정한 원칙을 갖고 있지 않으며 자신이 설정한 목표에만 온 정신을 기울이기 때문에 사람들을 강하게 몰아붙이고 다른 사람들에 대해서는 별 신경을 쓰지 않는다. 숫자에 집착하며 의사소통 능력이 부족하고 직원들과 전망을 공유하지 못하며 공감 또한 이루어내지 못한다.

어느 조직을 막론하고 리더의 말이나 행동은 구성원들에게 절대적인 영향을 미친다. 리더의 그날 기분·감정·심기에 따라 결재일자가 변경되며 하루를 어떻게 보내야 할지의 기준점이 되기도 한다. 또한 리더가 평소에 자주 하는 말은 지침이 되고 싫어하는 것은 금기가 되며 보여주고자 하는 것은 조직의 미래가 된다. 리더의 말과 행동은 구성원과 조직 전체에 절대적인 영향을 미친다. 그래서 리더는 화려하고 듣기 좋은 말보다는 진심이 통하는 공감의 언어와 행동을 몸소 실천해야 한다.

여러분은 어떤 리더인가? 아니면 지금 어떤 리더와 일하고 있는가? 리더에게 소통능력이 부족할 경우 리더는 사람들이 자신의 말에 진심으로 공감하는 것인지, 아니면 자신이 제시한 화려한 비전이나 반짝이는 별 때문에 그럴듯하게 행동하는 것인지를 구별해 낼 수 없다. 그리고 그것은 결국 리더와 구성원 모두에게 상처가 되고 불신의 깊은 골을 형성하게 한다.

파랑새 증후군의 구성원

글로벌 경기침체와 맞물려 국내 경영여건 또한 급속도로 악화되고 있으며 동시에 실직자의 수도 급증하고 있다. 노동부 발표에 의하면 2009년 1월의 실업급여 신규 신청자 수와 지급액이 1996년 7월 실업급여 지급 이후 월별 통계로는 가장 높게 나타났다고 한다.[*]실업대란이 현실로 나타나고 있는 우울한 상황이다. 또한 월별 취업자 수도 마이너스로 크게 돌아서 일자리 자체가 줄어들고 있음을

---

[*] 〈노동부 보도자료〉 고용서비스지원과, 2009. 02. 09, 공개자료.

리더와 구성원의 소통 부족은 종종 노사분규와 투쟁 등으로 표출된다. 경영주의 위장폐업을 규탄하는 노조의 투쟁 장면.

보여주고 있다.

그러나 아이러니하게도 일터의 한 편에서는 조직에 적응하지 못해 쉽게 퇴사를 결심하고 이곳저곳을 옮겨다니는 사람들도 상당수 있다. 우리나라의 대학졸업생이 첫 직장에 들어가기까지는 1년 가까운 긴 시간이 소요된다. 그러나 이렇게 어렵게 들어간 첫 직장의 평균근속연수가 2년이 채 되지 않는다고 한다. 첫 직장을 2년도 안 돼서 그만두는 것이 일반적인 일이라는 말이다. 게다가 새로운 직장으로 이직한 사람의 5분의 1 정도가 새롭게 옮긴 곳이 마음에 안 들어 6개월 이내에 그만둔다고 하니 청년실업도 문제이지만 조기퇴사 또한 큰 문제가 아닐 수 없다.

그래서 경영현장에서는 요즘 젊은이들이 인내심이 부족하다,

사회성이 떨어진다는 등 다양한 말들이 나오고 있다. 그러나 가장 큰 원인은 역시 소통의 부재다. 자기 자신과의 소통이 부족하다는 원인을 포함해 소통이 부족한 조직 내에서 생활하다 보면 조직의 비전을 공유하지 못하고, 개인의 능력을 발휘하기 어려우며, 일의 보람과 행복을 느끼지 못하기 때문이다. 그래서 그들은 자신의 참모습을 지금 일하고 있는 일터가 아닌 다른 새로운 곳에서 찾고 싶어 하며 현실에 만족하거나 기뻐하지 않고 오랫동안 방황한다.

《기네스북》에 오른 자동차 판매왕 조 지라드 Joe Girard는 서른다섯 살이 될 때까지 직장을 무려 40군데나 옮겨다녔다. 이때까지는 아무리 좋게 말하려고 해도 내가 보기에 조 지라드는 소통에 큰 결함이 있는 사람이었다. 그러나 마지막 기회라고 생각하며 입사한 자동차 판매대리점에서 그는 인류역사에 남을 판매영웅으로 변신한다. 조 지라드는 조직의 목표와 자신의 꿈을 연결하는 노력을 했고 그것이 그의 마지막 직장에서 빛을 발했던 것이다.

소통은 이처럼 방황하던 망나니(조 지라드는 실제로 감옥에도 다녀온다)를 《기네스북》에 기록된 판매왕으로 바꿔놓았다. 그러므로 습관처럼 직장을 옮겨다니는 파랑새 증후군을 앓고 있는 직장인이라면 스스로 일터에서 소통하기 위해 어떤 노력을 했는지 그리고 반짝이는 별이 꼭 그렇게 먼 곳에만 존재하는 것인지 생각해볼 필요가 있다.

리더와 구성원의 소통이 부족한 조직에서는 리더의 공수표가 남발되고 근거 없는 비전이 설정된다. 또 자신의 일에 만족하지 못하는 인재의 이탈이 빈번히 일어난다. 소통 부재는 공동의 목표를 공감할 수 없게 하고 진심이 통하기 어려운 조건을 형성한다. 게다가 불협화음을 일으키는 리더십으로 인해 허약한 조직문화가 양산되고 갈등과 반목이 독버섯처럼 자라난다.

지금 우리의 일터에는 소통이 절실하다. 화려한 겉모습이 아니라 구성원 모두가 공감하는 목표와 비전 그리고 자신의 일에 만족하며 성장을 즐기는 프로가 모여 있어야 한다.

넥타이 군대
획일화, 그 위험한 질주

노르웨이 지역에 서식하는 설치류의 한 종류로 '레밍쥐'라는 것이 있다. 레밍쥐는 먹이를 찾아 북유럽 지역을 이동하는데, 이때 집단의 우두머리 쥐가 앞장서면 나머지 쥐들은 모두 뒤를 따라 움직이게 된다. 그런데 이동 중 갑자기 위험한 장소, 이를테면 강이나 물이 맞닿는 낭떠러지를 만날 경우 우두머리 쥐가 급히 몸을 돌려 이를 피해보려 하지만 뒤를 따르는 어마어마한 수의 쥐 떼에 밀리고 서로 이리저리 뒤엉켜 집단으로 물에 빠져 죽는 현상이 일어난다. 이를 두고 '레밍 효과Lemming effect'라고 부르는데 '맹목적으로 남을 따라 하는 행동' 혹은 '무모한 집단행동' 등을 설명하고자 할 때 자주 등장하는 용어다.

우리가 레밍쥐의 습성을 통해 생각해볼 수 있는 것은 '집단이

획일화의 늪에 빠졌을 때 그것이 얼마나 위험하고 끔찍한 재앙을 초래하는가'다. 그러나 전통적으로 다수의 한국 기업들은 일사불란하고 단합된 구성원의 모습과 행동을 선호해왔으며 그것을 끊임없이 강조해왔다. 왜냐하면 실제로 이러한 요구가 과거에 실질적인 성과를 거두었고 가시적인 결과로 나타났기 때문이다. 그래서 한국을 대표하는 기업의 성공스토리를 다룬 드라마나 책에서도 군대처럼 일사불란하게 움직이는 직원들의 모습은 단골로 등장한다.

그러나 문제는 우리가 너무나 빠른 변화의 시대에 살고 있다는 것이다. 세상은 이제 공급이 넘쳐나고 지식이 경쟁우위를 가져다주며 하루만 지나도 어제의 기술이 구닥다리 취급을 받는 곳이 되어버렸다. 변하고 싶지 않아도 변해야 살 수 있으며 변화를 즐길 수 없다면 생존을 장담할 수 없는 세상이다. 그래서 창조경영·다양성·이노베이션 등의 단어가 낯설지 않은 용어가 되어버렸다. 하지만 여전히 일터에 오랫동안 자리 잡은 획일화는 기업의 성장과 소통에 큰 장애물로 남아 있다.

아직도 일을 시키는 사람과 일을 해야 하는 사람이 구분되어 있으며 평가하는 사람과 평가받는 사람도 정해져 있다. 그뿐인가. 조직에서는 예스맨이 오랫동안 살아남고 노No라고 말하는 간 큰 사람의 수명은 얼마 가지 못한다. 직원들은 좋은 아이디어가 있어도 말하기 어려워 하고 경영자는 자기 뜻에 반하는 의견에는 심한 거

획일화된 기업조직은 군대조직과 별 차이가 없다. 100여 명의 부대원이 명령에 의해 일사불란하게 움직이고 있다.

부반응을 일으킨다. 나와 남이 다른 것 그리고 다른 의견을 보이는 것을 나쁜 것 · 지양해야 할 것으로 보는 조직에서 소통은 절대로 자리 잡을 수 없다.

내가 직장생활을 할 때의 일이다. 입사 1년 선배가 노란색 넥타이를 매고 온 적이 있었다. 눈에 좀 튀기는 했지만 요란할 정도는 아니어서 나름 개성도 있고 산뜻해 보였다. 그런데 그 넥타이가 그날 화제의 주인공이 되어버렸다. 상사들은 너도나도 "어이, 그 노란색 넥타이가 도대체 뭔가? 자네 업소에 나가나?" 이렇게 말했고 심지어 어떤 상사는 가지고 있던 여분의 넥타이를 가져다주며 당장 바꿔서 매라고 할 정도였다. 넥타이 색깔 하나만 달라도 큰 화제가 됐던 그 당시를 생각해보니 실소가 절로 나온다. 이뿐인가?

일터에서 획일화를 엿볼 수 있는 것은 한둘이 아니다. 비슷한 복장·헤어스타일·자사제품 강매·연공서열·만장일치·회의문화 등 조직문화로 굳어진 통일의 법칙이 여기에 해당된다.

그렇다면 과연 획일화는 어떤 문제를 가지고 있는 것일까? 그것은 획일화가 양방향의 소통이 아닌 일방적인 의사전달 구조를 갖는 조직에서 나타나는 두드러진 현상이라는 점에서 쉽게 알 수 있다. 이런 조직은 권력의 중심에 있는 사람들이 명령하면 나머지는 따라야 하는 문화를 가지고 있으며 직원의 아이디어와 창의적인 생각들이 곧잘 무시되는 관행을 보인다. 리더는 구성원들의 일사불란함·통일된 모습·충성어린 태도·절도 있는 행동을 선호하며 특히 자신의 의견에 대해 지지를 보내는 직원을 편애하고 다른 의견이나 생각을 인정하는 데 인색하다. 의사소통의 구조가 이렇게 일방적인 상황으로 장기간 방치되면 구성원들은 자신의 의사를 강력히 주장하기보다는 학습을 통해 상황을 받아들이고 남들의 행동과 태도를 그대로 모방하게 된다. 한 마디로 다수 의견과 행동을 따라하는 것이 더 안전하고 평화적이라고 믿고 적당히 행동하게 되는 것이다.

소통 부재로 인한 획일화는 구성원들로 하여금 최적의 대안이나 최선의 아이디어보다 통일된 의견이나 일률적인 태도를 취하게 만들고 이 과정에서 조직은 다양성과 창조성을 상실한다. 맹목적으로 따라 하게 되면서 차츰 위험에 대한 감지능력이 떨어지고 위기상황에 벗어날 수 있는 대처 능력은 퇴보하게 된다. 리더나 조직이 잘못된 방향으로 가고 있어도 그것을 멈출 수 있는 제동장치가 고장 나게 되고 더욱 큰 위험에 직면하게 된다.

    제2차 세계대전 당시의 독일을 한번 보자. 독재와 민족주의를 대표하는 히틀러와 나치즘이라는 획일화로 인해 305만 명의 독일군 전사자와 약 270만 명의 민간 독일인 희생자를 만들어냈으며 전 세계적으로 약 5000만 명의 전쟁 사망자가 발생했다. 획일화는 위험하고 또 끔찍한 재앙을 불러온다. 현명한 리더라면 조직 내 원활한 소통을 통해 창의성이라는 열매를 수확할 것인지, 아니면 넥타이를 맨 군인들과 위험한 질주를 계속할 것인지 쉽게 선택할 수 있을 것이다.

동맥경화·고혈압
정보와 권한의 집중

노드스트롬 백화점의 홈페이지를 방문해보면 이 회사의 경영원칙을 대표하는 한마디를 발견할 수 있다. 'Our only rule; Use good judgement in all situation.' 오직 하나의 규칙이 있다면 그것은 모든 상황에서 최선의 판단을 내리는 것이다. 누가 그 판단을 내릴까? 그것은 현장에서 일하는 실무자가 내린다. 실무자가 신속히 상황을 분석하고 최적의 판단을 내려 문제를 해결하고 더 좋은 방향으로 결과를 만들어간다. 권한이 없어 결정하지 못하거나 복잡한 절차 때문에 시간을 지체하는 일 없이 즉시 현장에서 최선의 선택을 담당자가 하는 것이다.

노드스트롬 백화점을 대표하는 유명한 스토리가 하나 있다. 어느 날 미국 알래스카 주 페어뱅크에 위치한 노드스트롬 백화점에

스노타이어 2개를 손에 든 어떤 손님이 찾아온다. 그리곤 제품의 환불을 요청한다. 점원은 제품에 붙어 있는 가격표를 살펴보고 제품의 가격을 확인한다. 이후 그 자리에서 가격표대로 124달러를 환불해준다.

그게 뭐 대단한 일이냐고 할지도 모르겠다. 그러나 노드스트롬은 의류취급 전문백화점으로 타이어를 판매하지 않으며 판매한 적도 없다. 게다가 이 환불을 그 자리에서 즉시 결정한 사람은 이 회사에서 새롭게 근무한 지 2주밖에 지나지 않은 점원이었다. 이 이야기는 사람들로 하여금 노드스트롬 백화점을 감동적인 고객서비스의 대명사로 인식하게 해주었다.

최고의 고객 서비스를 제공하는 기업 그리고 고객이 원했기 때문에 그것이 어떤 일이 되었건 최선의 서비스를 제공한다는 것이 노드스트롬 백화점의 철학이다. 그리고 회사의 이러한 철학을 이해하고 있는 현장의 직원들은 그 자리에서 가장 최선의 선택을 내려 즉시 실행한다. 정보와 권한이 최대한 많은 사람과 공유되며 구성원들은 공유된 지식과 정보를 바탕으로 지체 없이 행동한다. 그들은 정보를 활용해 최선의 서비스를 제공할 권한을 부여받았고 또 그렇게 해야 할 의무를 갖는다. 경영자·구성원·조직이 원활하게 소통하기 때문에 고객과 소통할 수 있는 것이다. 기업이 아무리 최선의 고객서비스를 외쳐도 일터에서 존중받지 못하는 직원은 최상의 서비스를 제공할 수 없다는 의미다.

고객과 원활하게 소통하는 기업은 성공한다. 이 원리는 경영에 있어 거의 변함없는 진리로 받아들여진다. 고객의 요구를 충족시키는 일 · 고객의 불만을 해결하는 일 · 고객의 기대를 넘어서는 일은 모두 기업과 고객의 소통 없이는 불가능한 일이다. 규모가 작은 개인회사이건 대형 기업이건 예외 없이 적용되는 원리는 바로 고객과 기업이 원활하게 소통할 때 성공도 함께 따라온다는 것이다. 고객의 입장을 충분히 이해하고 행동하는 기업 그리고 그런 기업을 신뢰하는 고객은 소통하는 것이다. 고객이 원하는 제품을 생산하는 기업 그리고 그런 기업의 제품을 구매하는 고객도 소통하는 것이다. 이뿐인가. 고객의 기대를 저버리지 않는 바른 기업 · 고객의 요구수준을 뛰어넘는 제품과 서비스를 제공하는 기업 · 고객의 시간과 돈을 소중하게 생각하는 기업이 모두 해당된다.

결국 기업이 고객과 원활한 소통을 이루기 위해서는 경영자 · 구성원 · 조직이 상호 소통해야 하며 특히 정보의 공유 그리고 구성원들이 권한을 갖고 일할 때 가능해진다고 할 수 있다.

여러분의 일터는 어떤가? 공유되는 정보가 적어 느낌이나 요령에 의존해야 하는가? 시시콜콜한 것까지 결재를 받기 위해 줄이 길게 늘어서 있는가?

전통적으로 한국의 기업문화는 정보를 다루는 데 매우 보수적이며 정보공유에 인색하다. 직원들이 너무 많은 내부사정을 알게 되면 문제가 되거나 그것을 역으로 이용할 수도 있다는 우려와 시시콜콜하게 알려주기보다는 적당히 덮어두는 것이 미덕이라고 생각하는 것도 큰 원인이다. 그러나 이런 식의 생각은 정보공유로 인한 긍정적인 효과보다는 부정적인 효과에 더 큰 비중을 두는 태도로, 우려가 되는 문제가 있다 하더라도 정보의 종류와 공유방식에 따라 얼마든지 통제 가능하다는 것을 이해하지 못하는 데서 출발한다.

1886년 존 펨버튼John Pemberton이라는 약사가 소화제와 만병통치약이라는 명목으로 판매하기 시작한 코카콜라의 역사는 올해로 벌써 123년째를 맞이하고 있으며 하루에 10억 잔 이상 판매되고 있는 세계 최고의 상품이자 브랜드다. 그런데 아직도 코카콜라에 대한 정확한 제조법은 아주 극소수의 핵심인원만 공유하고 있다. 그리고 이들이 해외로 함께 이동해야 할 일이 있으면 비행기도 각자 따로 타고 간다고 한다. 코카콜라의 이런 모습을 보고 사람들이 정보공유에 문제가 있다고 말할 수 있겠는가? 콜라 제조방법을 다수 구성원과 함께 나누고 모두에게 공개해야 할 필요가 있는가?

정보를 공유한다는 것이 모든 내부비밀에 대한 완벽한 공개를 의미하는 것은 아니다. 사업의 핵심비밀 · 경영상의 중요정보 · 특허와 같은 지적재산권 등은 구성원들이 적절히 알게 됨으로써 자부심과 긍정적인 효과를 거둘 수 있는 정도의 공개로도 충분하다. 그러나 모든 정보를 밀실에서 극소수만이 공유하고 직원들에게는 철저하게 비밀로 해둔 채 명령이나 지시로 일관하는 것은 소통에

차가 한 방향으로 집중되는 병목현상으로 인해 도로가 꽉 막혔다. 일터에서도 정보와 권한의 병목현상은 상존한다.

큰 문제를 일으키고 오해와 갈등을 사기에 충분하다. 또한 구성원들이 뭘 모르기 때문에 일을 제대로 처리할 수 없는 원인제공의 역할을 한다는 것도 알아야 할 것이다.

  권한 부여에 대한 관점도 크게 다르지 않다. 직원에게 부여된 권한이 오히려 일을 그르치거나 회사에 손해를 끼칠 경솔한 행동을 초래할지도 모른다는 우려 또한 권한 부여를 제대로 하지 못하는 조직이 가지고 있는 고정관념에 불과하다. 권한을 준다는 것이 마치 씨감자와 인감도장을 내주는 것으로 오해되어서는 곤란하다. 고객과 직접 부딪히는 일·기술개발·생산현장의 최전방에 위치한 사람들이 최적의 판단과 최상의 업무수행을 하기 위해서는 반드시 권한이 필요하다. 화장실을 가기 위해 허가를 받기 시작하면 그다음에는 어떤 휴지를 사용해야 할지 또 몇 분 만에 끝내야 할지도 자연스럽게 허가대상이 되지 않겠는가? 권한이 없으면 그만큼 아주 작은 일에서부터 남들은 이해할 수 없는 부분까지 허가받고 지시를 기다려야 하는 현상이 발생한다는 말이다.

노드스트롬 백화점의 경우가 소통 부재의 조직에서 발생했다면 그 양상은 사뭇 달라졌을 것이다. 해당 직원은 주제넘게 일 처리를 한 벌로 징계를 받게 되거나 상사로부터 심한 질책을 받았을 것이다. 당연히 직원은 또 다시 문제를 일으키면 안 되기 때문에 앞으로는 하나하나 물어보며 조심스럽게 일을 처리하게 될 것이다. 권한 없고 자신감 없는 직원을 대하는 고객이 과연 만족감을 느낄지는 의문이다.

권한과 정보의 집중은 소통하지 못하는 조직을 부른다. 기업의 가치를 높이고 최고의 제품과 서비스를 만들어내기 위해서는 경영자 · 구성원 · 조직의 원활한 소통이 필연적으로 요구된다. 그리고 그것은 정보의 공유를 필요로 하며 권한의 위임(임파워먼트: empowerment)이 있어야 한다. 조직의 극소수가 정보와 권한을 움켜쥐고 소통을 방해해서는 곤란하다. 혈관이 막히고 굳어져 조직을 괴사시키고 전체를 위험에 빠뜨릴 수 있기 때문이다. 기업의 가치실현과 고객의 신뢰는 공유된 정보와 부여된 권한을 바탕으로 책임감 있게 일을 처리하는 구성원들의 손에 달렸다.

아전인수
개인 이기주의 · 무임승차

영국 여왕의 자금까지 관리하던 233년의 역사를 지닌 영국 베어링스 은행은 1995년 2월 26일 파산을 선언한다. 역사와 전통을 자랑하던 베어링스 은행이 파산이라는 믿기지 않는 결과를 받아들일 수밖에 없었던 것은 극심한 경쟁에서 도태되거나 사업적인 실패 때문이 아니라 무책임한 극단적 개인 이기주의자였던 28세의 풋내기 청년 닉 리슨Nick Leeson 때문이었다.

닉 리슨은 베어링스 은행의 직원으로 처음 결제업무를 담당하다 선물거래를 하게 되면서 실력을 인정받아 싱가포르지사의 이사로 승진까지 하게 된다. 이후 닉은 공격적으로 거래를 주도하며 능력을 더욱 인정받고 승승장구하게 된다. 그러나 누구나 완벽할 수는 없는 법. 닉 리슨도 투자에서 손실이 발생했다. 그러나 그는 상황을 보고하지 않는다. 손실보고는 자신의 명성에 도움이 되지 않는다고 판단했던 것이다. 그렇게 닉은 회사에 이런 사실을 숨긴 채 별도의 계좌를 이용해 손실을 만회하기 위해 계속 모험을 해나간다. 회사에 막대한 손해가 눈에 보이는데도 멈추지 않고 도박 같은 거래를 멈추지 않는다. 그리고 일본 닛케이255 지수를 이용한 차익거래가 자신의 누적된 실수를 한 방에 만회해줄 기회로 판단한 나머지 회사 몰래 거액의 거래를 발생시켰으나 일본 고베지진 등의 영향으로 지수가 폭락하자 손실이 눈덩이처럼 불어나 무려 13억 달러의 손실을 입히고 영국에서 가장 오랜 전통을 자랑하던 은행을 역사 속으로 사라지게 만든다.*

이 이야기는 자기 자신의 실수가 미치는 중대성과 파급 효과를 고려하지 않고 나만 생각하는 개인 이기주의에 눈이 멀어 편법과 속임수를 동원해 회사를 결국 파산으로 몰고 간 경이적인 실화다.

닉 리슨에게 자신의 실수를 만회하는 것은 중요했지만 자신이 몸담고 있는 회사 그리고 수많은 직원의 생계는 별로 중요하지 않았다. 닉 리슨은 다른 사람들과 전혀 소통하지 않았고 자신의 편익을 위해 조직과 구성원의 이익을 송두리째 앗아간 극단적 개인 이기주의자의 전형이다.

이기적인 구성원이 모여 있는 조직이라면 닉 리슨이 베어링스

---

* 《위키백과》 '닉 리슨' 내용을 참조해 요약.

은행에 미친 영향만큼 조직에 결정적인 타격을 줄 후보는 충분히 보유하고 있는 셈이다. 왜냐하면 개인 이기주의는 모든 판단과 결정의 기준이 자신의 이익이며 타인에 대한 배려나 공공의 질서 따위는 아주 불편한 것으로 보기 때문이다. 이러한 개인 이기주의는 자기 자신을 사랑하는 '자애自愛'와는 전혀 다른 개념이다. 나를 사랑하는 '자애'는 자신을 소중하게 여김으로써 타인도 소중하게 여길 수 있는 긍정적인 개념이지만, 개인 이기주의는 오로지 자기 자신만을 생각하며 자신의 이익과 편의를 최고의 가치로 여긴다.

그러므로 이기주의자는 타인에게 불편함을 초래하고 손해를 입히며 조직을 와해시킨다. 타인과의 소통에 매우 소극적인 태도를 취하며 장애가 되기도 하고 다른 사람에게 부정적인 영향력을 행사한다. 사공이 많으면 배가 산으로 간다고 했지만 이기주의자가 많으면 배가 침몰하거나 좌초되기 십상이다.

또한 무임승차자의 경우도 마찬가지다.

2007년 서울메트로의 통계에 의하면 약 2만 1000명의 부정 승차자가 적발되었다고 한다. 적발이 되지 않은 인원을 포함하면 그 수는 대략 4~5만 명을 훌쩍 넘지 않을까 한다. 미국의 뉴욕시도 한때 지하철 무임승차자의 비중이 감당할 수 없을 정도로 늘어나 범죄율이 치솟고 강력범죄의 온상이 된 적이 있었다.

무임승차자는 한마디로 자신이 지불해야 할 정당한 대가를 지불하지 않고 타인의 기회와 비용을 탈취하는 사람을 말한다. 높은 지위와 권한에 비해 리더십이 부족한 사람·비생산적이고 창의적이지 못한 사람·표면적인 실적은 우수하지만 조직의 가치를 훼손하는 사람·타인의 근로의욕을 곤두박질 치게 하는 사람이 모두 무임승차자에 해당한다.

나도 역시 과거에 대표적인 무임승차자와 함께 일한 적이 있었다. 영업실적이 우수해서 인센티브를 자주 받던 판매담당자였다. 회사에서는 실적이 높기 때문에 좋아했지만 실상은 인센티브 비율이 높은 제품만 선별해 잘 알고 지내는 거래처와 짜고 대량구매 조건으로 할인가에 넘긴 후 본인이 암암리에 소매로 재판매하는 편법을 썼던 것이다. 물론 상당한 인센티브는 이미 챙긴 후였다. 나중에 회사에서 이것을 문제삼아 인센티브 회수 등의 조치를 취하려고 했으나 향후 문제가 커질 것을 고려해 적당히 덮어둔 일이 있었다. 이 일로 인해 나머지 영업담당자들의 사기는 곤두박질 쳤고 편법을 쓰더라도 일단 인센티브를 받는 것이 현명하다는 정서가 급속도로 퍼지기 시작했다. 제대로 일하고 손해 보는 것보다는 남에게 피해를 주더라도 내 것을 챙기는 것이 현명하다는 생각에까지 이르게 되었다. 일순간 불신이 자리 잡고 회사와 구성원 간의 소통에 큰 문제가 대두된 것이다.

우리가 일하는 일터에는 어디를 막론하고 무임승차자가 존재한다. 어떤 조직이 되었건 무임승차자의 문제는 골칫거리가 아닐 수 없으며 무임승차자를 제대로 구분하고 정화하지 못하면 조직은 큰 위기에 직면하게 된다. 지하철 운임이 인상되는 이유도 따지고 보면 무임승차자가 내지 않은 운임 때문이며 결국 정직하게 운임을 내던 사람이 그 손실을 고스란히 떠안아야 하는 상황이 발생하는 것이다.

또 무임승차자가 위험한 가장 큰 이유는 그 전염성이 상당하다는 데 있다. 저 사람은 돈을 안 내고 타는데 내가 뭐 하러 순진하게 돈을 내고 타야 하는지 회의가 들기 시작하면 무임승차에 대한 용기와 정당성은 쉽게 형성된다. 이런 현상이 확대되면 제도와 규칙은 무용지물이 되고 조직은 붕괴되고 주저앉게 된다.

무임승차자는 소통을 방해하는 것뿐만 아니라 소통을 완전히 차단하는 주범이며 타인의 소통의지마저도 무력하게 만든다. 조직의 목표·가치·비전은 관심의 대상이 아니며 타인의 기회와 비용은 상관할 바가 아니다. 소통 단절의 주범인 무임승차자를 제거하지 못하면 조직은 급속도로 퍼지는 전염병으로 결국 병들어 쓰러지게 될 것이다.

지금 우리의 일터에는 소통을 단절하는 무임승차자가 있는가?

칵테일 파티
편청偏聽은 마음의 병(고객과 직원의 소리를 한쪽 귀로만 들을 것인가?)

인간은 합리적 동물이 아니라 합리화하는 동물이다.
_로버트 하인라인(SF 작가)

빌과 제인은 고등학교 동창이다. 서로 호감을 갖고는 있었지만 졸업 후 빌은 대학에 진학했고 제인은 프로골퍼가 되기 위해 도전했다. 사실 빌은 제인을 거의 잊지 못하고 마음속으로 항상 그리워했다.

그런데 5년이 지난 후 둘은 동창회에서 재회했다. 말할 것도 없이 빌의 가슴은 콩닥거리고 있었는데 제인은 빌을 그냥 같은 반 친구한테 하듯이 평범하게 대했다. 빌의 마음은 점점 초조해졌고 5년 만의 기회를 헛되게 날리고 싶지 않아 온통 제인이 하는 말에 귀를 기울였다. 마치 소머즈(The bionic woman: 1970년대 미국드라마 여주인공의 이름. 특수한 능력의 귀를 가진 여인)처럼 제인의 음성과 말에 온 신경을 집중했다.

파티가 시작된 지 한참이 지나고 점차 분위기가 무르익어가면서 파티장은 무척 시끄러워졌다. 술이 한두 잔씩 들어가니 사람들이 모두 수다쟁이로 변해버린 것이다. 그런데 그때 문득 어디선가 빌에 관한 이야기를 하는 것이 들렸다. "빌이 말이야 아무래도 나한테……." 너무도 또렷하게 들리는 그 목소리의 주인공은 제인이었다. 적어도 30미터 이상은 떨어져 있는 거리였음에도 빌의 이름을 거론하는 제인의 목소리가 분명히 들렸다. 시끄러운 음악 소리와 사람들의 웅성거리는 소리를 뚫고 들려오는 그 소리는 너무도 선명하고 또렷했다.

칵테일 파티처럼 시끄럽고 어수선한 분위기에서도 자신이 관심을 두고 있는 대상이나 자신의 이름 등이 정확하게 들리는 심리적 현상을 '칵테일 파티 효과cocktail party effect'라고 한다. 누구나 이런 경험이 있을 것이다. 회사에서 일하고 있는데 어디선가 자기 이름이 거론되거나 비슷한 단어가 나오면 귀가 쫑긋해지면 그쪽을 쳐다보게 된다. 혹시 나 몰래 내 욕을 하는 건 아닌가 하고 말이다.

칵테일 파티 효과는 인간의 자연스러운 행동 중의 하나일 뿐이다. 그러나 나는 관심을 두는 대상이나 자신의 생각을 뒷받침할 사실에 대해서는 귀를 기울이지만 반대의견이나 뼈있는 교훈은 듣지 않으려고 하는 편청偏聽에 대해서 말하고 싶다. 자신의 주장과 고집을 뒷받침할 듣기 좋은 말만 듣고 그렇지 않은 것은 무시하는 '편청'은 소통의 단절과 왜곡을 부른다. 상황을 객관적으로 분석하기보다는 주관적인 판단과 착각에 빠져 잘못된 행동을 할 확률이 높아지고 결국 편견으로 굳어지게 된다. 또한 합리적인 판단보다는 상황을 자신에게 유리하도록 재해석하는 합리화 작업은 위험을 감지하지 못하게 만들어 더 큰 위기를 초래하기도 한다.

한 번의 커다란 대형사고가 발생하기까지는 스물아홉 번의 경미한 사고 그리고 이백 번의 이상 징후가 있다는 '하인리히 법칙'이 있다. 이 법칙은 1대 29대 200의 원리로 설명되는데, 보험회사의 산업재해관련 관리자였던 하인리히가 사고를 분석하며 발견한 독특한 규칙성에서 유래되었다. 예외도 있지만 우리에게 일어나는 위험이라는 것이 어느 날 갑자기 오는 청천벽력이라기보다는 충분한 메시지와 사전 징후를 사람들이 감지하지 못하기 때문에 빚어지는 일이라는 편이 더 설득력이 있다.

미래를 예견하게 해주는 많은 사전징후가 있음에도 커다란 위험에 부딪힐 수밖에 없는 이유는 무엇일까? 그것은 바로 편청 때문이다. 합리화와 편견으로 정보의 한쪽 부분만 취하고 나머지는 버리기 때문이다. 편식을 하는 어린이가 건강한 성인이 될 수 없는 것처럼 편청 또한 합리적인 사고와 판단을 불가능하게 한다. 만일 리더가 직원의 말을 한쪽 귀로 듣고 흘려버린다면, 기업이 고객의 목소리를 대충 듣고 넘긴다면, 직원이 리더의 말을 잔소리로만 생각한다면 모두 편청으로 인해 자신도 모르게 더 커다란 위험에 다가서고 있음을 인식해야 할 것이다.

편견은 한쪽 방향만 허용하는 일방통행이다. 표지판과 가로등의 모습이 마치 사람 얼굴 같다.

대략 20년 가까이 된 일이다. 내가 군대에 있을 때 근처에는 커다란 규모의 유류저장소가 있었다. 야간 교대 조로 근무를 서게 되면 창고 앞 경계병에게 항상 강하게 주지시키는 것이 있었는데, 그것은 절대로 담배를 피우지 말라는 것이었다. 그러나 그럼에도 가끔 담배를 피우다 적발되는 병사들이 있었고 이럴 때마다 강력한 제재를 하면 문제가 없다가도 시간이 지나면 또 재발하는 상황이 반복됐었다.

이렇게 몇 번의 징후는 대형 사고를 예고하고 있었고 결국 일은 터지고 말았다. '저장소 앞에서 담배 좀 피운다고 불이 나겠어?' '할 일이 없으니까 잔소리나 하고 괜한 걱정들 하고 있어?' 이렇게 위험에 대한 징후를 한쪽 귀로만 듣고 흘려버린 병사 한 명이 담배를 피우고 담뱃재를 손가락으로 내려치며 끄다가 그만 불똥이 저장소 안쪽으로 들어가 삽시간에 불이 번졌다. 인근의 모든 부대원이 출동하고 소방차에서부터 손수레까지 동원됐지만 불은 좀처럼 꺼지지 않았다. 결국 멋지게 담배를 피웠던 병사는 실형을 살아야 했고 그 이외의 책임자들 또한 문책을 받았다. 편청이 만들어낸 비극이었다. 소통하지 않고 대충 듣고 흘려버렸기 때문에 일어난 일이었다.

기업과 고객의 소통과 관련된 사례를 한번 보자. 전 세계 1만 개가 넘는 매장을 가지고 있는 세계 2위의 유통업체 '까르푸'는 한국에서 사업을 접어야만 했다. 부동산 투자로 돈을 벌었다고 위안을 삼기는 하지만 고객과 소통에 실패함으로써 한국시장에서 철수하는 씻을 수 없는 오명을 남긴 것은 분명하다. 승승장구하며 거칠 것 없던 기업이 왜 한국에서는 실패했을까?

나는 사실 까르푸 매장을 자주 가는 편이었다. 그러나 갈 때마다 느끼는 것은 어둠침침한 조명과 공산품 위주의 상품 구색 그리고 세련되지 못한 쇼핑 공간 등으로 늘 다른 기업의 매장과 비교가 되곤 했다. 그런데 이런 느낌이 나만의 생각은 아니었나 보다. 주부들은 까르푸 매장을 외면했고 결국 한국 소비자를 위한 현지화 전략에 실패했기 때문에 까르푸는 철수를 결정할 수밖에 없었다. 한국 소비자는 대형할인매장이라 하더라도 백화점과 같은 공간을 희망하며 음식에 있어서도 다양한 신선 제품을 원한다. 또한 유행에 민감해 신상품을 선호하고 제품이나 음식도 직접 체험해보고 구매하는 것을 좋아한다. 그러나 까르푸는 그렇게 하지 못했다. 현지화에 서툴렀고 고객의 요구에 둔감하게 반응했다. 전 세계에서 먹힌 방법이 한국에서도 통할 것이라는 매너리즘이라는 편청에 빠진 것이었다.

  소통을 위해서는 양쪽 귀를 다 써야 한다. 귀 기울여 듣고 이해하는 것이 소통의 정석이다. 지금 우리의 일터는 어떤가? 그리고 나는 양쪽 귀를 다 쓰는 사람인지 한번 생각해보자.

능통의 경영(기술·Way)
능통의 힘으로 생존과 성장을 한꺼번에 움켜쥐어라

앞에서 우리는 경영자와 구성원 그리고 고객과의 소통 부재가 경영에 있어 얼마나 큰 재앙을 불러오는지 살펴보았다. 소통은 조직에 생동감을 불어넣어 경영자와 구성원이 공동의 목표와 과제에 집중할 수 있도록 해주며 위기에 빠진 조직을 구해내는 힘이 된다. 또한 소통하는 조직의 모든 구성원은 자연스럽게 고객과의 소통도 원활하게 수행하며, 이로 인해 기업 전체의 이미지는 크게 제고된다.

그럼 이제부터 우리의 일터에 활력과 신뢰를 불어넣어 주는 '소통'을 위한 효과적이고 능통한 방법에 대해서 살펴보기로 하자. 지금부터 소개하는 몇 가지 중요한 원리와 방법들은 일터의 소통을 불러오는 매우 유용한 처방들이다. 그러므로 리더에서 구성원까지 모두 이 능통의 경영 기술들을 주의 깊게 살펴보고 활용해 소통의 경영을 이루고, 그것을 능통의 경지로까지 올려놓기를 바란다.

노월 No Wall 노워 No War
벽을 허물면 소통이 온다

소통을 가로막는 가장 커다란 장벽은 무엇일까? 바로 권위주의Authoritarianism다. 상대방을 이성적으로 판단하려고 애쓰는 것이 아니라 나의 지위 혹은 상대방의 권력을 기준으로 행동·평가하는 것을 말한다. 직원의 의견을 대충 듣는 경영자가 그렇고 아랫사람이라고 함부로 대하는 상사가 그렇고 칸막이가 있는 직원식당을 가진 회사가 그렇다. 권위주의가 뿌리 깊숙이 박혀 있을수록 소통은 신기루에 불과한 것이 된다. 아무리 개방적인 조직이라 하더라도 지위에 따른 거리감이 완전히 없을 수는 없다. 그런데 권위주의는 그 거리를 더 넓혀주고 가운데 틀어박혀 경계를 더 뚜렷하게 구분 짓는 부정적인 역할을 한다.

조직 내 직급차이가 얼마나 큰 심리적 차이를 보여주는지는 켈의 법칙Kel's law을 통해서 쉽게 알 수 있다. 상하 간의 심리적 거리는 직급 간 거리의 제곱에 비례한다는 것이 이 법칙의 핵심인데 권위주의적인 조직일수록 구성원과 관리자의 관계 · 상위관리자와의 관계 · CEO와의 관계에서 직급이 하나씩 멀어질수록 그 심리적 거리는 제곱만큼 더 멀어진다는 의미다. 그러므로 소통을 불러오기 위해서는 그 심리적 차이를 줄이는 것이 필요하다.

권위주의적인 조직에서 구성원 간 심리적 차이가 발생하면 누구든 권한이 큰 사람의 권위에 복종하게 되어 있다. 그것이 인간의 심리다. 갈릴레이가 지동설을 주장했다는 이유로 종교재판에 회부됐을 때 그가 만약 재판관들 면전에서 고개를 빳빳이 들고 "지구는 태양을 중심으로 돈다."라고 말했다면 그는 그 자리에서 중형을 선고받고 세상과 작별을 해야 했을지도 모른다. 이처럼 권위주의는 복종을 강요하고 사실을 숨기게 하고 정치적으로 행동하게 한다. 순환이 멈춰 소통되지 못하고 한쪽으로만 흐르는 것이다. 그것은 소모적이고 비효율적이며 위험하다.

최근 IT서비스 대기업 EDS사를 인수하고 IBM과 한판 승부를 준비하고 있는 HP는 조직 내에 상존하고 있는 권위주의를 없애기 위해 수평적 조직문화를 정착시키고자 다양한 방법을 오래전부터 시도해오고 있다. 그중 구성원과 관리자가 소통할 수 있도록 관리자의 사무실 문을 항상 열어두는 오픈 도어 정책Open door policy이 대표적이다. 관리자와 구성원이 시간과 장소에 구애받지 않고 시

굴삭기가 벽을 허물듯 권위주의 벽도 쉽게 허물어졌으면 한다.

장·고객·직무 등과 관련된 다양한 의견과 아이디어를 교환하며 협력적인 신뢰관계를 구축하는 것이 이 정책의 핵심이다. 벽을 허물고 소통을 유도함으로써 창조적이며 건강한 소통의 문화를 만들어가고 있는 것이다.

우리나라에서도 이렇게 벽을 허물기 위해 노력하는 기업들이 여럿 있는데 그중 독일계 의료기기 판매사인 B. 브라운 코리아B. Braun Korea의 개방형 커뮤니케이션 구조는 매우 유용한 모델이 될 만하다. 우선 직원과 경영자 간에 직접적인 대화를 의미하는 웜 커뮤니케이션Warm communication, 교육과 경험을 통해 습득한 것을 다시 공유하는 전수 교육과 참여의 커뮤니케이션 그리고 혁신적인

B. 브라운 코리아의 오픈하우스 모습이다. 직원의 가족들을 회사에 초대해서 즐거운 시간을 함께 보내며 벽을 허물고 있다.

아이디어나 전략을 유도하는 이노베이티브 커뮤니케이션Innovative communication이 대표적이다. B. 브라운 코리아는 이러한 커뮤니케이션 시스템을 제도화하여 CEO에서부터 말단직원까지 권위주의 장벽을 없애고 원활한 소통의 틀 속에서 창의성과 효율성을 재고하기 위한 꾸준한 노력을 하고 있다. 벽을 허물기 위한 제도와 노력은 이 외에도 다양하게 이루어지는데 폭넓은 동호회 활동을 적극적으로 지원하여 구성원들이 일과 생활의 균형work-life balance을 갖출 수 있도록 돕고 있으며 핵심인재 양성을 위한 사내 교육프로그램 그리고 매년 직원들의 가족을 회사로 초대하는 오픈하우스 Open house 역시 구성원뿐만 아니라 구성원의 가족까지 생각하는 세심함이 묻어 있다고 하겠다. 이러한 노력과 배려 속에서 구성원들은 회사에 대한 높은 소속감과 일에 대한 자긍심을 바탕으로 상호 적극적인 커뮤니케이션을 통해 공동의 목표와 비전을 공유하고 있다.

특히 현재 대표로 있는 김호정 사장은 직원들과의 격의 없는 대화를 위해 사무실을 항상 개방상태로 두며 현장중심의 경영을 통해 정보와 상황에 대한 적극적인 공유를 실천하고 있다. 리더가 스스로 벽을 허물고자 노력하고 행동한다면 조직 전체의 소통은 자연스럽게 찾아온다는 것을 몸소 보여주고 있는 셈이다.

나의 개인적인 아쉬움이자 바람이 있다면 외국계 기업의 이러한 모범사례가 한국 토종기업의 일반적인 사례가 되었으면 하는 것이다. 첨단기술과 IT강국을 자처하는 대한민국이지만 기업의 소통 수준은 여전히 미흡한 것이 현실이기 때문이다.

이제 우리의 의식 속에 깊이 자리 잡고 있는 권위주의의 높은 담을 무너뜨려야 한다. 권위주의를 버리고 민주성과 개방성을 확보하는 것은 소통하는 조직을 부르는 탁월하고 능통한 방법의 하나다. 이제 벽을 허물자. 그리고 소통을 선택하자.

딜리버리 맨
구성원과 고객에게 신뢰 배달하기

리더가 구성원들에게 헌신적으로 희생할 때
리더의 비전은 구성원들의 소원이 된다.
_허브 켈러허(사우스웨스트 회장)

리더는 무엇을 먹고 사는가? 누군가 이렇게 질문한다면 나는 '존경'이라고 말하고 싶다. 리더는 직원과 고객을 위해 봉사하고 그 대가로 존경을 받는 존재다. 직원과 고객 위에 군림하려고 하는 리더는 절대로 존경받는 존재가 되지 못하며 신뢰를 잃고 비난과 조롱의 대상으로 전락한다. 그런데 이처럼 리더에게 있어 절대적으로 중요한 존경은 어디로부터 오는가? 그것은 바로 신뢰다. 리더가 구성원들에게 신뢰를 배달하면 믿음과 존경이 되돌아오고 리더가 고객에게 신뢰를 배달하면 좋은 평판과 매출로 연결된다.

그래서 CEO가 불우이웃을 위해 연탄배달을 한다거나, 떡국을 만들어 무의탁 노인과 노숙자에게 제공하는 일 등이 모두 고객에게 신뢰를 배달하기 위해 펼치는 노력의 일환이다. 기업이 고객과 소통하기 위해서는 고객에게 최상의 서비스를 제공하는 것도 중요하지만 고객을 찾아가는 성의와 노력이 더 높게 평가받고 있으며 기업의 윤리의식과 경영자의 도덕성 또한 중요한 기준이 되고 있다.

이제는 경영자가 일터의 최전선에 뛰어들어 고객과 구성원에게 신뢰를 배달해야 한다. 먼저 보여주고 솔선할 때 신뢰가 싹트고 믿음이 자리 잡기 때문이다.

구성원과 고객에게 신뢰를 심어주기 위해 노력하는 리더로 월마트의 창업자 샘 월튼Sam Walton을 빼놓을 수 없다. 그는 항상 회사의 로고가 새겨진 모자를 쓰고 현장을 다니며 종업원들과 직접 대화를 통해 문제를 해결하고 시정하는 것을 몸소 실천했다. 그리고 이러한 풍토를 경영의 근간으로 삼았다. 또 남들처럼 말로는 절약을 외치면서 정작 본인은 제외되는 모습을 보이지 않고 10년이 넘은 포드 트럭을 타고 출근하며 솔선했다. 아직도 월마트에서는 최고경영자도 자신의 커피는 본인이 직접 타서 마시고 집무실의 크기도 4~5평 남짓이며 비행기 일등석을 타지 않는 것이 불문율로 내려오고 있다. 이렇게 직접 검약을 실천하는 리더를 자린고비와 수전노라고 생각한다면 그것은 큰 오산이다. 월마트의 이익분배 프로그램은 어느 기업보다 신뢰할 만하고 파격적이다. 일례로 매장의 수익이 달성되면 시간급 노동자에게도 인센티브를 준다고 하니 약속을 지키는 것을 넘어 혜택을 최대한 확대하고자 하는 노

자국산 소고기를 홍보하기 위해 대사가 직접 나서서 고객에서 신뢰를 배달하고 있다. 나도 초청을 받아 가보곤 크게 감명을 받았다.

력이 더욱더 강한 신뢰감을 부른다고 할 수 있다.

 그런데 이런 월마트와 샘 월튼의 딜리버리 정신delivery spirit(신뢰구축을 위해 본인이 먼저 발로 뛰고 실천하는 현장중심·행동중심의 정신)을 보니 내가 알고 있는 모 상장사의 경영자와는 너무 대조적이란 생각이 든다. 이분은 직원들에게 늘 절약과 희생을 강요하지만 회사가 수년간 크게 적자를 면치 못하고 있는 상황에서도 항상 비행기 일등석을 고집하고, 차량은 국내 최고급 승용차를 타며, 집무실은 지위를 상징하듯 가장 큰 공간을 쓰고 비서도 두 명이나 두고 있다. 당연히 구성원과 리더 사이의 신뢰기반은 매우 취약하며 존경보다는 비난과 험담이 주를 이루고 있어 리더십 기반이 매우 취약한 상태이다. 이렇게 리더가 신뢰를 직접 배달하고자 하는 의지가 있는지 그리고 그것을 몸소 실천하는지의 여부는 소통이 원활한 조직을 형성하는 데 아주 중요한 역할을 한다. 만일 여러분이 누군가의 신뢰를 얻고자 한다면 말보다는 행동을 통해 먼저 보여주는 것이 당연하다는 점에 전적으로 동의할 것이다. 그러나 실제로는 그것이 말처럼 쉽지 않다는 것 또한 피부로 느끼고 있을 것이다. 결국 신뢰도 힘들고 어려운 과정을 통해 얻을 수 있는 것이지 자장면 몇 그릇 사준다고 형성되는 것은 아닌 셈이다. 먼저 믿음이 가도록 행동을 통해 실천할 때 소통의 물꼬가 트여 큰 강줄기가 될 것이다.

기업의 좋은 이미지와 느낌이 재구매와 높은 충성도royalty로 연결되기 위해서는 고객 접점이 활성화되어 있어야 한다. 물건을 판매할 때는 갖은소리를 다하며 현혹하지만 막상 제품이나 서비스에 문제가 있어 상담이라도 하려고 치면 자동응답기에서 뺑뺑이를 돌리는 통에 인내심 테스트를 통과하지 못하는 고객들이 상당수다. 또한 미리 선수를 쳐서 제품교환이나 환불절차를 복잡하게 만들어 고객의 의지를 꺾으려는 기업도 있고 소비자에게 불리한 조건을 걸어놓고 추가비용이 발생하게 하는 곳도 있다. 이런 기업은 고객과의 소통에서 완전히 실패한 기업이며 그 수명이 오래가지 않는다. 2008년 한국에서는 식품에 이물질이 들어간 일로 인해 나라 전체가 발칵 뒤집힌 일이 있었다. 과자에서부터 통조림까지 여러 기업의 제품에서 이물질이 봇물 터지듯 나오기 시작했다. 나 역시 첫 직장이 식품회사였기 때문에 식품위생이 얼마나 중요한 사안인지 충분히 이해하고 있다. 그러나 국내 식품회사들의 대응 면에서는 상당히 아쉬운 점이 있었다. 문제를 인식하고 진심으로 사과하거나 재발방지를 약속하는 기업도 있었지만 소비자의 입장에서는 가슴 깊이 와 닿지 않았다. 위기를 기회로 전환할 수 있는 용기 있는 경영자가 없었다는 점은 더욱 아쉬웠다. 기자회견을 열고 경영자가 전면에 나서 소비자에게 직접 사과하는 기업이 있었다면, 그야말로 타 기업과의 차별화를 통해 더 큰 신뢰를 얻을 좋은 기회가 될 수 있었을 텐데 말이다.

기업과 고객의 신뢰관계를 구축하기 위해서는 리더가 전면에 나서야 한다. 핑퐁게임을 하며 고객을 이리저리 돌리는 기업보다는 리더가 직접 신뢰를 배달하기 위해 동분서주하는 기업이 훨씬 우수한 평판과 높은 고객만족도를 얻을 수 있다.

전 세계 9000명의 직원과 1억 7000만 명의 회원을 확보하고 있는 이베이의 CEO 맥 휘트먼Meg Whitman은 《월스트리트저널》지가 선정한 2005년 가장 주목할 여성 CEO 1위에 오른 것을 비롯해 《포천》지 선정 가장 영향력 있는 재계 여성 50인에 꼽히기도 했다. 그녀는 늘 고객의 신뢰를 얻는 방법에 대해 고민하고 행동했으며 고객중심의 경영철학을 바탕으로 이베이를 최근 10년간 자본주의 역사상 가장 빠르게 성장하는 회사로 만들어놓았다.

그녀에게는 고객의 의견을 중시하는 뿌리 깊은 정서가 있으며 매월 20명의 고객을 본사로 초대하는 행사에 빠짐없이 참석해 고객의 의견을 경영에 반영하는 일을 게을리 하지 않는다. 이베이가 온라인 결제와 송금을 서비스로 하는 페이팔을 인수한 것도 고객의 요청에 착안한 것이라는 점 또한 시사하는 바가 크다. 리더는 언제나 고객접점의 최전방에 있어야 한다. 밀실에 숨어 대통령보다 만나기 어려운 사람이 되지 말고 현장을 누비는 야전사령관이 되어 격려와 봉사를 아끼지 않고 훌륭한 평판과 존경을 한몸에 받을 수 있어야 한다. 그것이 기업과 고객이 능히 소통하는 유용한 방법이다.

기업의 평판에 경영자가 미치는 영향은 실로 지대하다. 실제로 미국의 애널리스트들 가운데 95%는 주식을 거래하거나 고객에게 투자를 추천할 때 CEO의 평판을 중시한다고 한다. 기업을 떠올렸을 때 가장 먼저 떠오르는 이미지 대부분이 경영자이며, 경영자가 신뢰를 배달하는 사람인지 그렇지 못한지는 기업의 존속과 성장에 막대한 영향을 미친다는 말이다. 이제 경영자와 직원 그리고 기업과 고객이 소통하기 위해서는 리더가 마당발이 되어 몸으로 뛰고 실천하는 일만 남았다. 리더가 빗자루를 들고 바닥을 닦는데 그 모습을 보고 가만히 앉아 있을 직원이 어디 있으며 그 모습을 우습게 볼 고객은 또 어디 있겠는가?

유머와 감정의 조화
웃음과 긍정적 감정이 소통을 불러온다

유머감각이 없는 사람은 스프링이 없는 마차와 같다.
그래서 길 위의 모든 자갈을 만날 때마다 삐걱거린다.
_헨리 워드 비처

일터에서의 분위기가 일에 미치는 영향에 대해 예일대학에서 실시한 연구결과를 보면 부정적인 감정의 파급 효과보다는 긍정적인 감정 이를테면 미소·웃음·밝은 표정 등의 전염성이 훨씬 높다고 한다. 그래서 즐거운 표정과 감정이 시작되면 빠르게 확산되어 전체적인 분위기를 결정하게 된다. 우리의 일터가 즐겁고 유쾌한 감정의 상태를 유지해야 하는 이유는 다른 데에 있는 것이 아니다. 긍정적인 감정의 상태가 가지는 빠른 전염성을 통해 우리가 하고 있는 일의 능률과 결과의 질을 개선할 수 있기 때문이다.

이제 여러분의 일터로 돌아가보자. 아침에 출근하는 사장님의 표정이 어떤지는 직원들에게 늘 중요하다. 나의 최고 보스가 잔뜩 찡그린 인상을 하고 있는데 그 앞에서 철없이 웃고 다닐 사람은 아무도 없다. 또 팀장의 표정은 팀원에게 중요하며, 영업사원의 표정은 고객에게 중요하다. 표정과 감정을 완벽하게 조절할 수 있는 사람이 아니고서는 대부분 얼굴에 기분이 그대로 드러나기 쉬워서 구성원의 감정과 기분은 경영성과에도 상당히 큰 영향을 미친다.

그런데 일터의 감정을 긍정적으로 전환하고 그것을 오랫동안 유지하기 위해서는 어떻게 해야 할까? 바로 유머와 감정의 조화를 통해 긍정적인 감정의 상태를 유지하는 것이 필요하다. 웃음과 미소 그리고 즐거운 표정이 절로 나올 수 있도록 긍정적인 감정의 상태를 스스로 만들려는 의지와 노력이 필요한데 그중 가장 효과적인 것이 유머다. 유머는 유머를 구사하는 사람에게 자신감을 심어주며 상대방과 나에게 모두 즐거움을 제공한다. 웃음과 즐거움을 통해 유대가 강화되고 긴장이 완화되며 하고자 하는 말을 효과적으로 전달하는 데 큰 도움이 된다.

웃음이나 즐거움이 사람에게 미치는 영향은 기대 이상으로 대단하다. 노먼 커즌스라는 언론사 편집자는 뼈의 마디마디에 염증이 생겨 몸이 굳고 결국에는 손가락 하나 움직이지 못하고 사망에 이르게 되는 강직성 척추염이라는 병에 걸린다. 생존확률이 500분의 1밖에 되지 않는 이 무서운 병에 걸렸을 때 노먼 커즌스의 나이는 50세였다. 그런데 이렇게 죽기에는 너무 억울하다고 생각한 노먼 커즌스는 병이 호전될 수 있다는 신념으로 코미디 영화를 닥치는 대로 빌려보고 하루도 쉬지 않고 박장대소하며 웃었다고 한다. 그렇게 6개월이 지나자 놀랍게도 그에게 기적이 일어났다. 그가 바로 500분의 1의 사람이 된 것이다. 웃음과 긍정적 감정으로 인해 병이 말끔히 완치된 것이다. 웃음의 놀라운 효과가 아닐 수 없다.

정리하자면 미소·웃음·밝은 표정 등의 긍정적인 감정은 일터의 분위기를 결정하며 인간의 건강과 직결되고 소통을 원활하게 해주는 윤활유 역할을 수행한다. 만일 여러분이 누군가에게 무엇인가를 부탁할 일이 있다면 대부분 미소 띤 얼굴로 요청하게 될 것이다. 누구나 웃음의 효과를 본능적으로 알고 있기 때문이다. '웃는 낯에 침 뱉으랴'라는 속담도 있다. 웃음과 미소는 대인관계를 향상시키는 데 도움이 되며 상대의 공격성을 약화시키고 또 여론을 긍정적인 방향으로 전환하는 역할을 한다.

그런데 우리의 일터는 긍정적인 감정의 표현에 다소 인색하다. 웃음과 유머를 진중하지 못하거나 가벼운 행동으로 여기기도 한다. 그러나 유머감각을 지닌 사람은 경솔하고 경박한 것이 아니라 늘 주변에 사람이 모이게 하는 힘이 있으며 일터의 분위기를 긍정적으로 전환하는 능력을 갖춘 사람으로 평가받아야 할 것이다.

링컨 대통령의 일화는 유머감각이 얼마나 중요한지를 잘 보여준다. 링컨이 상원의원 선거를 앞둔 합동유세에서 상대편 후보가 링컨은 두 얼굴을 가진 사람이라며 공격해왔다. 그러자 링컨은 이렇게 말한다. "내가 두 얼굴을 가진 사람이라면 이렇게 중요한 날에 왜 이렇게 못생긴 얼굴을 가지고 나왔겠습니까?" 이 한마디로 좌중은 한바탕 웃음에 휩싸였고 순간 분위기는 링컨 쪽으로 넘어오게 됐다. 상대 후보의 험담에 같은 방식으로 맞서지 않고 유머를 통해 상대의 공격을 약화시키고 여론을 자신의 편으로 만든 경우다. 그 힘은 바로 유머, 즉 긍정적인 감정에서 나온다. 만약 링컨이 상대 후보의 공격에 더욱 강력한 자극을 더해 맞받아쳤다면 그 싸움은 실로 점입가경으로 치달았을 것이고 모두 진흙탕에서 뒹구는 꼴이 되었을 것이다. 유권자들과의 원활한 소통도 없고 상처뿐인 싸움보다는 유머를 통해 확실한 승리를 가져오는 것이 훨씬 현명하다.

경영현장에도 다양한 사례가 있다. 일본 미리아공업의 야마다 아키오 회장은 승진대상자를 결정할 때 각자의 이름이 적힌 쪽지를 선풍기 바람에 날려 가장 멀리 가는 사람 순서대로 진급자를 정한다. 사우스웨스트 항공의 허브 켈러허 회장은 과거 경쟁회사와의 노선분쟁을 법정투쟁으로 끌고 갈지 말아야 할지를 상대편 CEO와 팔씨름 승부를 통해 결정했다. 그러나 이 두 사람을 보고 경솔하거나 경박하다고 말하는 사람은 아무도 없다. 이 두 회사의 실적은 기절초풍할 만하며 창사 이래 줄곧 성장과 이익을 실현하고 있다. 일터의 만족도는 타사에 비해 매우 높으며 소속감과 성과 또한 괄목할 만하다.

일터에서의 긍정적인 감정은 매우 중요하다. 특히 리더의 촌철

살인 유머 한마디는 긴장을 완화시키고 창의성을 높이는 데 효과가 높다. 또한 구성원들의 유머감각은 일터의 웃음을 유발하고 일에서 오는 스트레스를 완화시킨다. 조직 내 원활한 소통이 자리 잡기 위해서는 제대로 싸울 줄 알면서도 늘 웃음을 잃지 않는 구성원과 긍정적인 감정을 유지하려는 공동의 노력이 필요하다. 긍정적인 감정은 소통을 불러오는 매우 효과적인 방법이며 아주 능통한 수단이다.

"내가 미국 핵잠수함을 구했다." 이 말은 지금 생각해도 웃음이 절로 나오는 나의 옛 CEO께서 하신 말씀이다. 당시 내가 다니던 회사에는 평면모니터를 생산하는 별도의 사업부가 있었는데 제품의 완성도에 다소 문제가 있었다. 그래서 미세한 불안요소를 어떻게 해결할까에 대한 마라톤회의가 이어지고 있었다. 게다가 미국 해군에 납품하려고 추진했던 제품이 자체테스트 결과 결함이 있는 것으로 판명되어 대표이사가 자진하여 납품 건을 철회하는 슬픈 일도 있었다. 당연히 회의실의 분위기는 살벌했고 서로 눈치를 살피느라 숨소리조차 들리지 않았다. 그런데 그 고요한 정적을 깨고 그때 이분이 한 말은 "야, 이놈들아. 그 모니터가 잠수함에 들어갔으면 잠수함 어떻게 될 뻔했느냐? 내가 미국 핵잠수함을 구한 거야."

순간 회의에 참석한 사람들은 누구라 할 것 없이 웃음을 터뜨렸다. 대표이사의 마음이 얼마나 쓰리고 아팠을까? 하지만 촌철살인의 유머 한마디로 회의는 오히려 더 진지하게 진행됐고 활발하게 의견을 교환하며 발전적으로 문제가 해결됐다. 웃음과 긍정적 감정이 소통을 불러온 것이다.

성질 죽이기
리더는 자신의 감정을 통제할 줄 아는 사람

인간은 감정의 동물이다. 그러나 감정을 조절하지 못하면 동물이 된다.
_심윤섭

동서고금을 막론하고 훌륭한 리더는 집단의 감성을 옳은 방향으로 이끌고 갔다. 아무리 위대한 리더라 하더라도 집단의 도움 없이 제 혼자의 힘으로 무엇인가를 달성할 수는 없었기 때문에 리더는 자신을 추종하는 사람들을 만들고 그들이 옳은 일을 하고 있다는 확신과 믿음을 굳건하게 했다. 따라서 리더는 자신을 따르는 추종자들을 위해서라도 먼저 자신의 신념을 확고히 해야 했음은 물론이거니와 무엇보다 자신의 감정을 끊임없이 점검하고 다스려야 했다.

리더십의 완성은 리더와 리더를 떠받치고 있는 집단의 조화에 달려 있다. 리더와 구성원이 얼마나 소통하고 있는지가 조직의 성과뿐만 아니라 운명까지 결정한다는 의미이다. 개인적으로 어떤 아픔과 남다른 배경을 가지고 있다 하더라도 리더가 자신의 감정을 통제하지 못할 경우에는 결국 리더로 남지 못하게 된다. 역사적으로도 성군과 폭군이 존재하듯이 현대 사회에서도 집단의 감성을 올바르게 이끈 리더와 그렇지 못한 리더는 얼마든지 있다.

페루의 전 대통령 후지모리는 8000 퍼센트가 넘는 페루의 고질적인 인플레이션을 잡은 경제적 업적과 30년이 넘게 이어져 온 게릴라 세력을 소탕하여 정치적 안정을 이루었으며 페루를 국제 금융사회에 복귀시킨 뛰어난 사람이었다. 그러나 그는 대통령이라는 자리를 결코 놓고 싶지 않아 했다. 그래서 헌법을 바꾸고 야당의원을 매수하고 국고를 유용하는 등 온갖 비리를 저지르다 집권 10년 만에 자리에서 물러난 후 2000년 일본으로 황급히 도피한다. 그리고 페루로 재입국을 시도하다 체포되어 최근 25년형을 선고 받았다.

1989년 코소보 내에서 세르비아계에 전폭적인 지지를 받고 있던 밀로셰비치가 세르비아의 대통령으로 선출된다. 그러나 그는 다양한 민족으로 구성된 유고연방에서 세르비아 민족주의를 촉발시켜 내전을 불러일으켰다. 그 후 내전으로 인한 사망자는 수십만 명이 넘게 발생했으며 1998년에는 코소보 사태로 1만 명이 죽게 되는 소위 '인종청소'를 멈추지 않았다. 결국 나토NATO의 개입과 민중봉기로 권좌에서 물러나 전범재판소에서 재판을 받던 중 2006년 사망한다. 그의 별명은 '발칸의 도살자'였다.

한때 국민의 열렬한 지지로 가장 높은 자리까지 올라갔었던 리더들이 초라한 최후를 맞이한 이유는 무엇인가? 그들이 모두 역사적으로 훌륭한 리더라는 평가가 아닌 폭군, 전범자, 부정부패자라는 평가를 받는 이유는 무엇일까? 그것은 리더가 자신의 감정을 통제하지 못해 저지른 비리와 범행 그리고 옳지 못한 행동 때문이다. 리더는 자신의 감정을 통제한 이후에야 집단의 감정을 올바른 방향으로 이끌 수 있다. 그래야만 리더와 집단이 소통의 끈을 더욱 튼튼하고 견고하게 할 수 있기 때문이다.

  기업의 경우도 예외는 아니다. 한때 세계 최고의 에너지 기업이자 미국 7대 기업 중 하나였던 엔론Enron은 2001년 그동안 발표됐던 높은 실적이 전부 회계부정에 의한 것으로 밝혀짐으로써 파산하게 된다. 설립 15년 만에 미국과 유럽의 에너지 거래의 20퍼센트를 차지했으며 직원 2만 2000여 명을 보유했던 거대기업이자 1996부터 2001년까지 6년 연속《포천》지 선정 '미국에서 가장 혁신적인 회사'로 선정된 엔론의 몰락을 두고 회계부정과 도덕적 해이라고 평한다. 그러나 그 중심에는 리더의 욕망, 집착, 부정에 대한 잘못된 감정과 판단이 있었다. 리더가 자신의 감정을 올바르게 조절하지 못했기 때문에 기업의 도산과 리더의 몰락이 함께 찾아온 것이다. 한때 많은 사람들의 존경을 받고 기업의 좋은 표본이 되어 원활한 소통을 이루어냈던 거대기업이 리더의 올바르지 못한 감정조절로 인해 소통의 고리가 끊겨 나가게 된 것이다. 현지 엔론의 회장이었던 '케네스 레이'와 CEO '제네스 킬링'은 모두 실형을 선고받고 미국 형무소에서 복역 중이다.

리더는 책임지는 사람이다. 그리고 그 책임의 가장 밑바닥에는 리더의 감정이 있다. 조직이 올바른 방향으로 나아가고 구성원이 혼신의 힘을 다하는 일터에는 원활한 소통이 살아 있다. 그리고 그 소통의 중심에서 능통의 힘을 발휘하는 것은 리더의 감정이다. 리더는 집단의 감정을 이끌고 가는 존재이며 자신의 감정을 조절하고 조화와 소통을 창조하는 사람이다.

나의 강의 주제 중에 '행복한 일터와 행복한 나'라는 것이 있다. 강의를 진행하는 과정에는 자연스럽게 구성원들의 행복도를 몇 차례에 측정하는 부분이 있는데, 이때 유난히 행복도가 낮게 나오거나 참여도가 떨어지는 조직이 있다. 그런데 그런 조직의 경영자는 대부분 굳은 표정으로 강의에 참석하거나 리더십에 대해 언급하는 부분이 나오면 불편한 표정을 짓는다. 이쯤 되면 나도 대략 눈치를 채는데, 리더가 어떤 사람인지에 따라 구성원의 사기와 의욕은 많은 영향을 받고 그로 인해 일터의 분위기가 정해진다. 꼭 경영자만의 이야기는 아니다. 팀장이 구성원에게 본부장이 팀장에게 상사가 부하 직원에게 감정을 통제하지 못한 상태에서 하는 말과 행동은 소통을 방해하고 불통으로 이끈다.

이제 우리 모두 자신의 감정을 통제하는 노력을 해보자. 그러면 소통이 잘될 것이다. 감정을 능수능란하게 조절하며 능통으로 소통하자.

언어 리모델링
일터의 언어를 바꾸면 소통이 찾아온다

저 아이는 언젠가 브라질을 대표하는 훌륭한 선수가 될 거야.
_펠레를 만들어준 한마디

말 한마디로 누군가의 인생을 희망차게 바꿀 수 있는 능력은 모든 사람이 가지고 있는 것이다. 그러나 사람들이 사용법을 제대로 알고 있거나 능수능란하게 사용하고 있는 것은 아니다. 그래서 말 한마디로 인한 소통의 삐걱거림이 들려오게 된다. 우리는 사랑하는 사람 · 가족 · 친구와 그렇지 못한 사람들에게 사용하는 언어가 각각 다르다. 본인이 의식을 하든 그렇지 않든, 사용되는 언어를 분석해보면 확연한 차이를 드러낸다. 그래서 대화를 나누는 사람들의 말 한두 마디만 들어보면 인간관계가 어떤지 쉽게 짐작할 수 있다. 소통이 원활한 관계와 그렇지 못한 관계에서 나오는 언어는 하늘과 땅 차이이기 때문이다. 즉 언어가 소통의 정도를 가늠할 수 있는 바로미터이며 훌륭한 가늠자가 되는 것이다.

우리의 일터로 돌아가보자. 구성원들이 상호 어떤 언어를 사용하는지를 보면 그 조직의 소통능력을 충분히 짐작할 수 있다. 비속어와 적절하지 못한 호칭 그리고 감정이 뒤섞인 언어를 사용하는 집단과 공통의 언어와 적절한 호칭 그리고 최소한의 존중이 배어 있는 언어를 사용하는 집단은 완전히 다르다. 소통이 적절한 언어를 부른다고 볼 수도 있고, 적절한 언어가 소통을 부른다고 할 수도 있다. 그러나 중요한 점은, 적절하지 못한 언어는 곧바로 소통의 단절과 소통 부재를 불러온다는 것이다. 그래서 일터의 언어는 무엇보다 중요하다. 하루의 절반을 보내는 곳. 일할 수 있는 시간의 대부분을 보내야 하는 일터에서 우리가 어떤 언어를 상대방에게 사용하고 있는지는 곧 자기 인생의 황금기를 어떤 언어로 채워가고 있는지의 문제이기 때문이다.

말 한마디로 누군가의 인생을 긍정적으로 바꾸기는 쉽지 않을지 모른다. 결국 그 말이 받아들이는 사람의 실질적인 행동으로 옮겨지는 좋은 계기가 되지 못한다면 말이다. 그러나 말 한마디로 상대방의 감정과 일터 전체의 기분을 바꾸기는 너무나 쉽다. 상대가 행동할 필요도 없이 말 한마디가 귀에 들려오는 순간 바로 고막을 자극하고 뇌로 전달되는 사이에 새로운 감정의 틀이 형성되기 때문이다. 그러므로 일터의 언어를 긍정적이며 희망적 · 민주적으로 바꾸는 것은 구성원 간의 긍정적 감정의 틀을 형성하는 핵심기능을 한다. 그러면 과연 우리가 어떤 언어를 사용하고 있는지 한번 살펴보자.

일본의 인간관계 코칭전문가인 혼마 마사토는 그의 저서 《질책의 힘》에서 상사가 부하직원을 훈계하는 데 필요한 마음가짐으로 10가지를 지적했는데 그 대부분은 언어의 중요성과 깊은 연관을 갖고 있다. 내용을 보면 이렇다. 상대를 감정적으로 혼내지 않는다, 상대의 인격을 존중한다, 상대에게 꼬리표를 달지 않는다, 타인과 비교하지 않는다, 과거의 실수를 문제삼지 않는다, 성공 이미지를 떠올리게 한다, 긴 설교보다 짧은 메시지로 질책한다.

여러분이 무엇인가에 화가 나 있을 때의 언어나 혹은 평상시 일터에서 부하 직원에게 사용하는 언어는 어떤 것인지 한번 되돌아볼 일이다. 감정을 건드리고 남과 비교하며 인격을 무시하는 상사와 원활한 소통을 할 수 있는 사람은 없다. 겉으로만 적당히 행동할 뿐 속으로는 갖은 독기와 욕설을 내뿜게 되어 있다. 그 소리만 상대방의 귀에 안 들릴 뿐이다.

부하직원이 상사에게 사용하는 언어도 역시 살펴볼 필요가 있다. 나 또한 직장생활을 통해 부하직원들로 인해 속이 상한 적이 몇 번 있었다. 같은 팀원이라면 어떻게든 설득해보겠는데 타부서의 직원들이 예의를 지키지 않을 때는 정말 속이 새까맣게 타들어가기도 한다. 일터에서 부하직원들이 범하기 쉬운 잘못된 언어습관의 대표적인 예를 한번 살펴보자. "그 일은 안 시키셨잖아요.", "제가 그 일을 왜 합니까?", "지금은 바빠서 곤란한데요.", "저도 해봤는데 안 된다니까요.", "이런 일이나 하려고 입사한 것이 아닙니다."

혹자는 상황에 따라 할 수도 있는 말 아닌가 생각할지도 모르겠지만 앞서 말한 대로 인간은 감정의 동물이다. 같은 의미를 전달하더라도 어떤 언어에 담아서 전달하느냐는 전혀 다른 결과를 낳는다. 이렇게 바꿔보자.

"그 일은 안 시키셨잖아요."(→"말씀을 안 하셔서 생각하지 못했습니다.")

상사가 안 시켜서 안 했다는 공격적 어투보다는 상사가 말하지 않는 잘못이 크지만 본인이 생각하지 못한 이유도 있다면서 부드럽게 말을 바꾼다. 겸손하면서도 예의 바르다는 느낌을 전달할 수 있다.

"제가 그 일을 왜 합니까?"(→"한번 해보겠습니다. 상세히 알려주시겠습니까?")

일이 하기 싫어서 회피하거나 반항하는 모습으로 비춰질 필요는 없다. 일터에서의 일은 어차피 배워두면 모두 인생의 총알이 된다. 그러니 적극적으로 받아들여라. 다만 '단순히 지시만 하지 마시고 방법도 함께 알려주세요.'라는 메시지를 함께 전달할 수 있는 말로 바꾸면 된다. 상사가 습관처럼 막무가내로 시키는 습관이 있다면 적당히 가려서 하게 될 것이다.

"지금은 바빠서 곤란한데요."(→"급한 일이 있어 먼저 처리하고 곧 살펴보겠습니다.")

이렇게 말하는 부하직원을 보면 상사의 입에서 맴도는 말이 있다. "시키는 대로 할 것이지 뭔 말이 그렇게 많아!"다. 벌써 소통에 금이 가기 시작한다. 자신의 상황을 피력하고 상사의 부탁을 차선으로 부드럽게 미룰 수 있는 말을 사용하자.

"저도 해봤는데 안 된다니까요."(→"제가 해본 결과는 이렇습니다. 선배님이 제안하시는 방법은 어떤 것인가요?")

비록 정답이라 할지라도 앞의 말은 경솔해 보이거나 부정적 감정이 강하게 느껴진다. 자신의 경험을 먼저 이야기하고 중복되는 부분이나 새롭게 제시되는 부분을 비교하며 새롭게 해볼 것인지 아니면 그만둘 것인지를 상사와 논의를 통해 결정한다면 지적이고 합리적인 사람으로 인정받게 된다. 당연히 소통은 덤으로 따라온다.

"이런 일이나 하려고 입사한 것이 아닙니다."(→"이 일을 할 때마다 의욕이 크게 떨어집니다. 선배님의 조언이 필요합니다.")

이런 말을 할 정도면 이미 감정의 골이 깊거나 마음이 많이 상해 있는 상태일 것이다. 그러나 감정적으로 말을 던져서 손해 보는 것은 결국 본인이다. 자신의 기분과 느낌을 솔직히 말하고 그것에 대한 처방과 의견을 상사에게서 듣는다면 상사는 조언자로서의 책임감을 부여받고 함께 풀어보려고 할 것이다. 그러는 과정에 소통이 자연스럽게 이루어질 수 있다.

일터의 언어는 중요하다. 같은 말을 하더라도 소통을 불러오는 말을 하는 것이 일터에 모여 일하는 사람들이 더욱 즐겁고 효과적으로 일하는 방법이다. 언어를 리모델링하자. 그렇게 되면 상대의 감정이 긍정적으로 전환되고 일터의 분위기가 바뀌며 소통이 자연스럽게 찾아온다. 지금 당장 일터의 언어를 리모델링해보면 능통의 효과가 즉시 나타날 것이다.

기다림의 미학
로마는 하루아침에 이루어지지 않았다

시간과 정성을 들이지 않고 얻을 수 있는 결실은 없다.
_그라시안

GE의 전직 회장 잭 웰치는 그가 이루어 놓은 개혁과 성과만큼이나 비난 또한 함께 받는 인물이다. 잭 웰치가 비난받는 가장 큰 이유 중 하나는 살벌한 경쟁체제를 통해 사람들을 끊임없이 옥죄었고 기준에 못 미치면 가차없이 내친 매정함 때문인데, '중성자 잭 Neutron Jack'이라는 별명 또한 잭의 경영스타일 중 일부를 상징하는 것이라고 하겠다. 그러나 아무리 강렬한 태양이 비추어도 그늘은 항상 있게 마련이다. 그런 점에서 논란은 어디에나 존재하며 잭이 이룬 성과에 대한 찬사와 과정에 대한 비난도 함께 갈 수밖에 없는 필연이 아니겠는가 생각한다.

나는 잭 웰치의 리더십과 경영스타일에 대한 논의보다는 그가 무려 20년 동안 GE의 개혁을 멈추지 않고 추진했다는 점을 높이

사고 싶다. 소통하는 조직으로 변화하는 것 또한 시간이 필요하며 지속적인 관리가 뒤따라야 하기 때문이다. 만일 변화라는 것이 "지금부터 소통합시다."라고 시작해서 될 일이라면 점심시간에 잠깐 해보고 마쳐도 될 것이다. 그러나 변화는 겉모양만을 바꾸는 것이 아니라 사람의 마음을 바꾸는 일이기 때문에 서로 통하지 않으면 영원히 도달할 수 없는 신기루Mirage에 불과하다. 많은 기업이 변화를 선택하지만 그것을 실행하는데 있어서는 고작 한두 번 해보고 마는 것이 현실이다. 나름대로 희망을 담아 멋진 목표를 정하지만 과연 GE의 경우처럼 20년 이상 줄기차게 실행하는지는 의문이다. 아니, 해가 바뀔 때마다 구호가 바뀌고 또 새로운 기법을 도입하거나 이벤트성으로 끝나는 것이 현실이다. 왜 그럴까? 그것은 혁신의지가 부족하거나 실행력이 미약하다는 원인도 있지만 그 뿌리를 찾자면 소통의 문제로 귀결된다. 앞서 말한 대로 일터의 변화를 위해서는 우선 마음이 새롭게 바뀌어야 하고 마음을 바꾸기 위해서는 서로 소통해야 하기 때문이다. 그러므로 소통하는 조직으로 바뀌는 일은 시간의 투자가 필요하며 기다림도 동반된다.

후한後漢말 무너져가는 한나라의 부흥을 위해 애쓰던 유비는 관우와 장비라는 힘 있는 의형제가 있었음에도 조조에게 번번이 패했다. 그러자 유비는 참모의 절실함을 느끼고 제갈공명이라는 인물에게 도움을 청하러 간다. 그러나 처음 당도했을 때는 제갈공명이 없었고 그러기를 세 번 반복해 만나게 되었는 데 누추한 초가집에 세 번 방문한 것에서 유래되어 삼고초려三顧草廬라고 부르게 되었다. 이때 유비의 나이가 47세였고 제갈공명의 나이는 27세였으니 사람이 상대의 마음을 얻고 뜻을 같이하기 위해서는 나이 따위는 숫자에 불과한 것이며 번거로움을 마다하고 시간과 공을 들여야 함은 물론이다. 또한 유비와 제갈공명의 만남과 인연을 두고 물고기가 물을 만난 격이라 해서 '수어지교水魚之交'라고 부르기도 하는데 이는 결국 두 사람이 원활한 소통을 이루어냈음을 뜻하는 것이다.

　조직에 소통이 자리 잡고 활력이 넘치는 강한 조직으로 거듭나기 위해서는 삼고초려의 정신이 있어야 한다. 계속 시도해야 하며 상대를 위해 나를 낮추어야 하며 기다리고 인내해야 한다. 조금 해보고 나서 안 된다 싶으니 소통이라는 것이 막연하고 모호해서 우리 조직과는 별로 상관없는 것 같다는 식의 경솔함을 보여서는 안 된다.

　조직에 따라서는 예상보다 빠르게 원활한 소통이 자리 잡을 수도 있고 어떤 곳은 좀처럼 반응이 더딘 곳도 있다. 얼마나 오랫동안 소통 부재의 상황이 방치되었는지 그리고 불신의 벽이 얼마나 높게 형성되어 있었는지가 관건이다. 하루아침에 탱크로 부수고 해머로 내려친다고 오랫동안 견고하게 형성됐던 마음의 벽이 무너지지는 않는다. 오히려 더 높아지고 두터워질 뿐이다. 그러므로

소통의 문제는 언제나 꺼지지 않는 불씨다. 그러나 갈 길이 멀다고 해서 도달하지 못할 곳은 아니다. 2009년 2월 시청 앞 대규모 집회, 이곳에도 소통이 찾아왔으면 한다.

일터에 소통이 자리 잡기 위해서는 삼고초려의 정신으로 노력을 게을리하지 않고 모든 구성원이 서로 성의를 다해야 한다. 원활한 소통이 조직문화로 자리 잡기까지는 시간이 필요하기 때문이다. 소통의 역사가 짧으면 그만큼 문화적 기반이 약하기 때문에 일시적으로는 소통이 원활한 듯 보여도 어느 순간 쉽게 소통이 단절되고 왜곡될 수 있다. 일터에서 갈등과 대립이 확대되는 것은 한순간이지만 원활한 소통을 정착시키는 것은 그보다 훨씬 오랜 시간이 요구되는 장고의 노력이 필요하다.

2007년 시작해 2008년까지 500일이 넘게 계속됐던 이랜드 사태를 보면 갈등과 대립이 소통보다 훨씬 쉽게 확대된다는 것을 알 수 있다. 이 문제는 삼성테스코의 홈에버 인수를 계기로 원만한 합의를 보고 종지부를 찍게 되었지만 앞으로 좀 더 두고 봐야 할 것이다. 아픔을 겪은 만큼 원활한 소통을 조직문화로 정착시켜 나갈 것인지 아니면 소통 부재로 인해 대결과 갈등을 반복할 것인지는 전적으로 소통의지와 장기적인 노력에 달려 있다고 할 수 있기 때문이다. 노측과 사측이 모두 삼고초려의 정신으로 서로 존중하며 오랫동안 일관된 모습을 보이는 것이 중요하다. 그렇게 된다면 소통은 반드시 자리 잡고 더욱 튼튼해져 눈에 띄는 성과를 선물하게 될 것이라고 나는 확신한다. 또 그렇게 되기를 진심으로 바란다.

해피십
승무원이 똘똘 뭉쳐 일하는 배

살아 있는 한 우리는 절망하지 않는다.
_탐험가 어니스트 섀클턴에 대해 저널리스트 알프레드 랜싱이 쓴 책 제목

아직 한국의 노사문화가 상생과 협력이라는 측면에서 매우 취약한 이유도 소통의 역사에서 찾아볼 수 있다. 스웨덴의 경우를 보면 1938년 살트세바덴 협약Saltsjoebaden agreement을 통해 노사의 대화합을 국가적인 차원에서 이루어냈으며 이는 스웨덴 노사화합의 근간이 되어 시대를 거듭해도 그 기본적인 상생의 틀은 바뀌지 않고 있다. 지금 스웨덴이 세계 최고의 복지국가·국민이 가장 행복한 나라 순위에 빠지지 않고 상위권을 차지하는 것도 따지고 보면 국가의 경제를 이끄는 노사의 화합, 즉 경영자와 직원의 원활한 소통이 그 밑거름이라고 할 수 있다.

우리나라의 경우도 최근 경제위기 상황에서도 노사 상생을 위한 노력과 실천의 움직임이 확대되고 있는 것은 상당히 고무적이

라고 하겠다. 2008년 9월 노동부 보도자료를 보면 노사화합선언(1585건)이 전년동기(514건)에 비해 3배 이상 증가하는 등 노사협력 분위기가 산업현장에 확산되는 가운데, 노사화합선언이 노사관계 및 고용안정에 긍정적인 효과를 미치는 것으로 나타났다. 또한 최근 2년간 노사화합선언 사업장을 대상으로 분석해본 결과, 노사화합선언을 하지 않은 사업장과 비교했을 때 적은 근로손실일수·신속한 임금교섭 타결·낮은 이직률 및 장기근속의 특징을 갖는 것으로 파악되었다.*

결국 이런 일터는 안정적인 인력운영과 근로자의 숙련도 향상 그리고 생산성 증가와 인적자원 확보라는 일석사조의 효과를 얻을 수 있다는 의미다. 그러나 지금처럼 전 세계적인 불황과 국가 차원의 어려움이 상존하는 시기에 나타나는 화합의 모습만으로 경영자·구성원·일터가 원활한 소통을 이루었다고 보기에는 무리가 있다.

경기 부진이나 불황 등 외부적인 요인 때문에 생존의 위협을 받을 때는 오히려 단합이 잘 된다. 생존이라는 거대한 화두, 살아남아야겠다는 의지가 내부의 갈등을 잠재우고 목표를 단순화시키기 때문이다. 거대한 폭풍 속에서 더 예쁜 노로 젖겠다고 싸우는 선원은 거의 없다. 우선 힘을 합쳐 부러진 돛을 세우고 노를 저어 폭풍

* 〈노사화합선언 노사관계 고용에 긍정적 효과〉 2008.09.24, 노동부 보도자료.

의 영향권에서 벗어나는 것이 급선무이기 때문이다. 그러나 고요한 바다·따뜻한 날씨·풍부한 식량이 확보됐을 때는 양상이 달라진다. 위기 극복에 일조한 대가를 생각하게 되며 서로 경쟁하고 싸우게 된다. 생사를 같이하며 위기를 극복했을 때의 화합과 단결은 어느덧 사라지고 대결과 갈등으로 어제의 동지가 오늘의 적으로 돌아선다. 그래서 위기는 항상 어려울 때보다 흥할 때 찾아온다. 위기는 가진 것이 턱없이 부족해서 힘들고 궁핍할 때보다 위기에서 벗어나 번성하고 무엇인가 분배해야 할 때 발생한다. 폭풍 속에 배가 놓여 있을 때는 너나 할 것 없이 사력을 다해 노를 젓지만 바다가 고요해지고 나면 그렇게 하지 않는다. 서로 자신의 공이 더 크다고 생각하며 싸우고 시기한다. 진짜 침몰은 바로 이때부터 일어나는 것이다.

생존이라는 절대적인 화두가 잠깐의 단결과 화합을 가져올 수는 있지만 소통이 없이는 절대로 협력적으로 일하는 일터를 만들 수 없다. 지금 우리의 일터가 희망하는 것은 생존과 성장이지만 모든 것이 소통의 반석 위에 놓여 있을 때에나 가능한 일이라는 것을 이해해야 한다. 생존과 성장이라는 열매를 수확하기 위해서는 화합과 단결의 튼튼한 나무를 소통의 토양으로부터 키워낼 수 있어야 한다. 그것이 노사화합의 길이며 모두가 행복해지는 길이다.

승무원이 모두 협력해서 일하는 배ship, 구성원이 일치단결하는 단체라는 뜻의 해피십Happyship이라는 영어단어가 있다. 우리의 일터가 소통을 통해 일치단결하는 곳이 된다면 모두 행복해질 수 있다는 원리를 담은 단어다. 아무리 오합지졸이라고 하더라도 원활한 소통이 존재한다면 성장할 수 있고 하나가 될 수 있다. 구성원의 화합과 소통이 중요한 이유는 우리에게 주어진 조건이 아무리 열악하고 불가능한 목표가 놓여 있다 하더라도 소통하면 결국 위대한 결과를 만들어낼 수 있기 때문이다.

역사상 지금 소개하는 팀처럼 상상 이상의 열악한 조건 속에서도 리더와 구성원의 화합과 소통을 통해 위대한 성공을 이끌어 낸 사례가 있는지 모르겠다. 저널리스트 알프레드 랜싱Alfred Lansing의 책《섀클턴의 위대한 항해》(뜨인돌출판사에서《살아 있는 한 우리는 절망하지 않는다》란 제목으로 출간됐음. 1년 후 이 제목으로 같은 출판사에서 재출간됨)에 나오는 감동적인 실화를 요약해본다. 자, 그럼 지금부터 1914년으로 이동해보자.

최저기온 영하 85도, 평균기온 영하 55도, 남한 면적의 140배, 전체의 98%가 얼음으로 덮여 있는 곳. 이곳은 다름 아닌 남극대륙이다. 만일 여러분이 이곳에서 1914년의 열악한 장비와 부족한 식량 그리고 떠다니는 얼음에 운명을 맡긴 채 634일을 지내야 한다면 어떻게 하겠는가?

1911년 영국은 스콧 대령과 그의 탐험대가 간발의 차이로 노르

웨이의 아문센에게 최초의 남극점 정복이라는 타이틀을 내주게 되면서 자존심에 큰 상처를 입는다. 그리고 스콧 대령이 남극점에서 베이스캠프로 오던 중 본인과 탐험대 전원이 사망하는 슬픔까지 겪는다. 이때 남극점이 아닌 남극대륙 횡단이라는 새로운 목표를 통해 국가의 떨어진 자존심과 명예를 회복하기 위한 섀클턴의 도전이 시작된다.

섀클턴은 이미 1907년 독자적인 탐험대를 이끌고 남극점에 가장 가까이 접근했던 기록을 가지고 있던 영국의 탐험가였다. 1914년 남극횡단 계획을 발표하고 후원자와 자금을 모은 후 탐험대를 모집하는 공고에 무려 5000여 명이 지원을 한다. 평범한 수준의 보수와 목숨을 담보로 하는 모험임에도 불구하고 이렇게 많은 사람이 적극적인 참가를 희망한 것만 보더라도 당시 영국국민의 남극횡단에 대한 열망이 얼마나 컸는지 알 수 있다. 그렇게 모여든 지원자 중에서 섀클턴은 탐험가의 능력보다는 자질과 재능에 집중하며 독특한 면접방식을 통해 27명을 선발한다. 그리고 탐험을 준비하기 시작하는데, 당시 27명의 탐험대를 보고 사람들은 오합지졸이라는 말과 함께 우려를 표했다고 한다. 그도 그럴 만한 것이 한 사람 한 사람의 면면을 보면 밀항자 · 강사 · 선원 · 조각가 · 사진사 · 의사 · 어부 등 전문탐험가는 많지 않고 의욕과 재능에 불타는 사람들 위주였기 때문이다.

이렇게 구성된 전체 28명의 탐험대는 1914년 사우스조지아 섬을 출발해 배를 타고 남극대륙에 도착한 후 본격적인 탐험을 시작해 2400킬로미터를 걸어서 이동한 후 남극점을 통과하고 다시 걸어온 만큼 반대편으로 이동해서 배를 타고 본국으로 돌아가는 계획을 갖고 있었다. 계획이 성공으로 이어지기를 바라며 탐험대는 1914년 12월5일 인듀어런스라는 당대 최고의 탐사용 배를 타고 사우스조지아 섬을 출발해 남극을 향해 항해를 시작한다.

그런데 문제는 출발부터 발생하기 시작했다. 남극을 둘러싸고 있던 얼음을 뚫고 용감하게 전진했지만 얼음에 밀려 조금씩 항로를 이탈하며 주위를 맴돌기 시작한 것이다. 그리고 서서히 부빙(떠다니는 얼음)에 갇히게 되는 상황에서도 남극대륙이 코앞에 있을 만큼 가까이 접근하는 데 성공한다. 그러나 이미 그때는 인듀어런스호가 부빙에 꼼짝없이 갇혀 오도 가도 할 수 없는 상황이 되어버렸다. 코앞의 남극을 보고도 항해를 더 이상 할 수 없었던 당시 탐험대장 섀클턴은 배에서 겨울을 나기로 결정한다. 그런데 얼음에 갇혀 있더라도 그 자리에 가만히 있으면 좋으련만, 부빙은 계속 북서쪽으로 이동하게 되고 탐험대도 덩달아 남극에서 점점 멀어지게 되었다. 그렇게 탐험을 시작한 지 벌써 300일이 훌쩍 지나버렸다. 그 사이에는 하루 종일 해가 뜨지 않는 완전한 암흑도 무려 79일 동안 있었는데 사람이 빛을 보지 못하는 날이 계속되면 우울증·심장병·향수병 등에 걸리게 됨에도 불구하고 28명의 탐험대원은 서로 위로하고 달래며 아무 문제 없이 잘 넘기게 된다.

하지만 겨울을 나고 얼음이 녹으면 다시 남극으로 항해를 계속할 수 있을 것이라는 믿음은 점점 멀어지고 급기야 얼음끼리 서로 부딪히고 얼기 시작하면서 그 틈에 낀 인듀어런스 호는 완전히 파손되어 더 이상 배로서의 기능을 할 수 없는 나무토막이 되어 침몰해 버린다. 할 수 없이 배를 버리고 탐험대는 허허벌판 눈보라와 혹독한 추위에 내몰린다. 탐험대장 섀클턴은 과거 남극점 탐험 때 머물렀던 오두막을 목표지점으로 정하고 행군을 시작한다. 당시 상황에서 가장 가까운 목표는 그곳이었으며 갈 곳 역시 그곳밖에 없었다. 그러나 행군을 시작한 지점에서 오두막까지는 무려 557킬로미터나 떨어져 있었다. 이것은 분명히 도달할 수 없는 불가능한 목표였다. 그러나 포기하고 있다가는 모두 얼어 죽을 수밖에 없었다. 그래서 행군을 시작했지만 눈보라와 추위로 하루에 채 1~2킬로미터도 앞으로 나가지 못한다. 텐트를 치고 또 전진하고를 반복하다 표류한 지 500일 만에 겨우 엘리펀트 섬에 도착한다. 그러나 섬이라고 해봐야 얼음 덩어리의 산과 펭귄 서식지인 조그마한 땅덩어리가 전부였고 산에서 내려오는 바람과 바닷바람이 오히려 그들을 더욱 견디기 어렵게 만들었다. 단지 육지라는 위안만이 있을 뿐이었다.

이곳에 더 있다가는 결국 모두 죽게 될 것이라고 판단한 섀클턴은 자신을 포함해서 6명으로 구성된 탐험조를 이끌고 허름한 보트로 포경기지가 있는 사우스조지아 섬을 향해 목숨을 건 항해를 시작한다. 남극의 험한 파도와 매서운 바닷바람을 견디며 가야 할 거리는 무려 1400킬로미터나 됐다. 그리고 남아 있는 대원들이 먹을 식량 또한 턱없이 부족한 상태였다. 무모하기 짝이 없는 시도였지만 달리 방법이 없었다. 과감하게 선택하고 사력을 다해 도전했다. 가능한 한 빠른 시일 내에 사우스조지아 섬에 도착해서 구조선을 이끌고 남아 있는 대원들을 구조하지 않으면 안 되었다. 그렇게 목숨을 건 항해를 하는 동안 남아 있는 22명의 대원은 살 궁리를 해야 했다. 서로 힘을 모아 간이숙소를 만들고 펭귄을 잡아 식량으로 삼았다. 그렇게 그들은 자신들을 구조하러 올 선발대를 생각하며 버티고 또 버텼다. 또 동상에 걸린 대원을 수술하기도 하고 서로에게 도움을 주며 살아남을 수 있다는 희망을 버리지 않았다.

선발대는 드디어 사우스조지아 섬에 기적같이 도착한다. 그런데 애석하게도 포경기지는 섬의 반대편에 있었다. 어떻게 해서든 반대편으로 가야만 하는 상황이었다. 그러나 타고 온 보트의 키가 이미 파손된 상태였고 해안선을 따라 돌아가자니 200킬로미터가 넘는 거리였다. 하지만 육로로 가면 50킬로미터밖에 되지 않았기에 섀클턴은 위험을 무릅쓰고서라도 섬 중앙의 산을 넘기로 결정한다. 그런데 넘어야 할 산의 높이가 무려 1400미터나 됐다. 선발대 중 3명은 탈진으로 산을 넘을 수 없어 그 자리에 남게 되고 나머지 2명과 함께 다시 산을 넘기 시작한다. 등반에 사용할 수 있는 도구라고는 목공용 도끼가 전부였다. 어쨌든 그것을 이용해 눈 덮인 산의 정상까지 도착했을 때는 이미 시간이 너무 지체되어 버렸다. 만약 내려가지 못한다면 그대로 얼어 죽게 될 형국이었다. 그래서 섀클턴은 그대로 미끄러져 내려가자고 제안한다. 서로의 몸을 줄로 묶고 그들은 1000미터가 넘는 산에 목숨을 맡긴 채 미끄러지듯 내려온다. 그리고 포경기지에 도착한다. 그곳에서 근무하던 사람들조차도 그들의 모습을 보고 아연실색했다고 하니 몰골이 얼마나 비참했는지는 짐작이 간다. 그리고 구조대를 이끌고 섬 건너편의 3명을 구출하기에 이른다.

이제 문제는 엘리펀트 섬에 남아 있는 22명이었다. 4주 남짓한 분량의 식량과 도저히 생존 불가능한 환경에 22명이 방치되어 있었기에 하루빨리 구조해야만 했다. 그러나 당시가 제1차 세계대전 중이라 배라는 배는 모두 전쟁에 동원되었고 또 어렵게 구한 배마저도 구조를 나갔다가 기상악화와 얼음 때문에 더 이상 전진하지 못하고 번번이 돌아왔다. 그렇게 무려 120일이라는 엄청난 시간이 흘러갔다. 이제 엘리펀트 섬에 남아 있는 22명 대원의 목숨은 안갯속에 사라진 형국이었다. 그들이 살아 있으리라고는 누구도 장담할 수 없었으며 시간이 갈수록 섀클턴의 피는 바짝바짝 타들어갔다. 세계대전으로 인해 배는 점점 더 구하기 어려웠는데 때 마침 칠레정부에서 내어준 배로 다시 구조에 나선다. 그리고 마침내 1916년 8월 30일 엘리펀트 섬에 다다른다. 섀클턴은 저 멀리 손을 흔들어 보이는 사람들의 모습에서 몇 명이나 살아 있는지 세어보기 시작했다. 감동적인 재회의 순간 기적 같은 일이 일어났다. 22명 전원이 생존해 있었던 것이다. 이로써 탐험대 28명이 영국을 떠난 지 760여 일, 사우스조지아 섬을 떠난 지 634일 만에 극적으로 구조된다.

끝없이 펼쳐진 남극의 얼음 그리고 살을 에는 추위와 배고픔도 그들을 절망의 나락으로 추락시키지 못했다. 오합지졸이라는 28명의 탐험대는 남극횡단의 실패가 아닌 인간의 한계를 극복하고 살아 돌아올 수 없는 절망적인 상황에서도 위대한 성공을 이루어냈다.

과연 섀클턴의 탐험대가 인류역사상 가장 극적인 생존을 이룬 원동력은 무엇이었을까?

첫째, 서로의 차이를 인정하고 협력과 조화를 이루었다

28명의 탐험대는 오합지졸이라 불릴 만큼 다양한 이력과 배경을 가지고 있었다. 그러나 문제가 발생했을 때 충돌하거나 심각하게 대립하지 않고 서로 존중하며 위기를 슬기롭게 대처해나갔다. 부빙에 갇혀 겨울을 날 때에도 그랬고 칠흑 같은 암흑이 계속 되었을 때에도 서로를 해치거나 이성을 잃지 않았으며 다른 배경에서 오는 차이를 인정하고 위기를 극복하는 원동력으로 삼아 협력과 조화를 이루어냈다.

둘째, 긍정의 힘으로 절망을 극복했다

남극이라는 극한의 상황과 최악의 조건, 최첨단 탐사선 인듀어런스 호의 침몰과 육로이동 그리고 600여 일의 표류와 엘리펀트 섬에 남아 구조대를 기다리고 있을 때에도 절대로 희망의 끈을 놓지 않았다. 포기함으로써 스스로 목숨을 버리는 길을 선택하지 않았으며 어떠한 상황에서도 긍정적인 면을 보고 희망을 이어나갔다. 그들은 살아남을 수 있다는 믿음을 끝까지 버리지 않았으며 기꺼이 도전하고 행동함으로써 절망에 정면으로 맞서 물리쳤다.

셋째, 먼저 행동하는 위대한 리더십이 있었다

28명의 탐험대가 모두 무사히 귀환할 수 있었던 데에는 섀클턴의 남다른 리더십이 있었기 때문에 가능했다. 권위를 내세우며 지시하고 명령하는 우두머리가 아니라 부하를 위해 목숨을 걸고 먼저 행동함으로써 모두의 생명을 구하는 데 가장 큰 역할을 했다. 그는 리더를 위해 목숨을 바칠 충신을 기대하기 이전에 부하를 위해 기꺼이 죽음을 무릅쓰는 리더의 참모습을 보여준 위대한 리더십의 소유자였다.

넷째, 원활한 소통을 통해 끝까지 생존했다

그들 모두는 각양각색의 구성원·절체절명의 위기·최악의 조건 속에서도 서로 소통하며 십시일반 힘을 합쳐 의지해나갔다. 리더의 탁월한 리더십과 구성원의 협력 그리고 긍정적 사고와 적극적인 노력 · 화합과 단결을 통한 성취는 모두 원활한 소통 없이는 불가능한 것이다. 28명의 모든 탐험대원이 634일간의 남극표류에서 무사 귀환할 수 있었던 기적은 원활한 소통을 통해 탄생됐으며 그들이 끝까지 생존할 수 있는 원동력이 됐다.

이제 우리는 믿기 어려운 역사적인 사실의 중심에 소통이 있었음을 이해할 수 있게 되었다. 소통은 조직이 처해 있는 절체절명의 위기 속에서도 희망을 바라볼 수 있는 여유와 두려움을 누르고 과감하게 쟁취하는 용기를 제공한다. 조직의 모든 구성원이 소통을 통해 화합과 협력을 다져나간다면 지금 우리에게 닥쳐 있는 위기는 결코 위기가 아니며 조직과 나 자신을 더욱 강건하게 하는 기회가 될 것임을 나는 확신한다.

끝으로 이 책의 작은 울림을 통해 부디 많은 독자 여러분이 자기 자신과의 소통 · 가족과의 소통 그리고 일터에서의 소통을 이루고 나아가 능통의 비법을 반드시 터득할 수 있기를 진심으로 바란다.

부록

'쿨라스트 C. U. L. L. S. T.' 이론
쿨~한 소통의 이해

독자 여러분들과의 작별이 아쉬워 마지막으로 내가 다년간의 소통/능통 관련 강의를 통해 꾸준하게 전달하고 있는 내용을 살짝 소개할까 한다.

  지금까지 우리는 원활한 소통을 위해 능히 통하는 방법 그리고 능통의 힘을 십분 활용하는 방법에 대해 살펴봤다. 이와 같은 맥락에서 지금 소개하는 '쿨라스트C. U. L. L. A. S. T.' 이론은 소통에 대한 이해의 폭을 좀 더 넓혀주어 여러분들이 소통에 이르는 길에 유연성을 갖추고 능동적으로 대응하는 데 많은 도움이 될 것으로 본다. 쿨라스트는 소통의 본질을 이해하는 데 필요한 핵심요소인 변화 · 이해 · 언어 · 경청 · 행동 · 기술 · 신뢰의 영문 첫 자를 딴 것이다.

그럼 쿨~한 '쿨라스트'를 통해 소통에 대해 더 깊이 이해하는 시간을 가져보자.

1. Change(변화)

소통은 변화다. 원활한 소통을 위해서는 내가 기꺼이 먼저 변해야 하겠다는 생각·습관의 변화 그리고 소통할 수 있는 기회를 적극적으로 확대하는 것이 필요하다.

① 내가 먼저 변하는 자발적 변화

남이 먼저 변하기를 바라며 가만히 있는 것은 이기주의. 내가 먼저 기꺼이 변하겠다는 생각을 전제로 Give&Take가 아닌 Give&Give의 자세가 있어야 한다.

② 습관의 변화

매너 없는 대화습관은 상대에게 상처를 주고 소통을 단절시키는 특효약이다. 언어습관의 변화는 소통에 꼭 필요한 것으로 말 한마디로 천 냥 빚을 갚는다는 말은 결코 헛소리가 아니다.

③ 기회의 확대

원활한 소통을 위해서는 서로 의견을 나누고 대화할 수 있는 기회가 많아야 한다. 일터의 경우 조직차원에서 업무 이외에 다양한 소통기회(자기계발 · 취미 · 건강 등 관심사를 중심으로)를 개발하는 노력이 있어야 하며 다양한 방식(일대일 대화 · 소식지 · 사보 · 게시판 등)을 통해 소통의 채널을 열어두어야 한다.

④ 양방향 소통

일방향One way · 하향식Top-down · 폐쇄적인 의사전달이 아니라 리더 · 구성원 · 고객 간의 양방향 · 상향식 · 개방적인 형태의 소통이 양립해야 한다. 기업이 프로슈머Prosumer를 활용해 제품개발 · 의견수렴 등을 하는 것이 좋은 예다.

2. Understanding(이해)

소통은 이해다. 선입견을 버리고 나와 상대가 다르다는 것을 이해하며 상대가 처해 있는 상황과 배경을 인식하는 것은 이해의 폭을 넓힌다. 또한 상황에 대한 공통의 인식을 통해 공감대를 형성하는 것은 소통에 큰 역할을 한다.

① 차이에 대한 인정

사람마다 경험 · 지식 · 관심사 · 환경이 다르기 때문에 차이가 발생하는 것은 필연적이다. 그러므로 나와 다른 생각에 대해 비난할 것이 아니라 상대의 입장에서 생각하는 자세가 필요하다.

② 선입견을 버리는 것

선입견이 항상 나쁜 것은 아니다. 그러나 선입견이 편견으로 굳어지면 거짓과 진실의 구분을 모호하게 만들며 상대의 상황을 이해하기보다는 자기중심적으로 왜곡해 받아들이게 되므로 관계를 그르치게 된다.

③ 타인의 상황과 배경에 대한 이해

나의 입장만을 이야기하려는 것은 소통이 아니라 설교다. 상대를 가르치려 들거나 자신의 입장을 더 강하게 주장할수록 소통은 멀어지고 갈등만 확대된다. 노사분규나 단체협상 때 노측과 사측이 협상에 실패하는 주된 이유는 자신들의 입장을 더 강조하기 때문이다. 또한 상대에 대한 이해 없이 무리한 요구로 양자택일을 강조할 때 소통 부재는 더 심화된다.

④ 상황에 대한 공동의 인식 등

위기상황일 때는 위기의식이 형성되어야 하며, 기쁜 상황일 때는 즐거움이 형성되어야 한다. 그러나 상황에 대한 공동의 인식이 없을 경우에는 서로 공감대를 형성할 수 없어 오해가 커지고 소통의 어려움이 발생한다. 반대로 공감대가 형성되면 서로를 이해하려는 분위기가 형성되고 협력을 통해 공동의 목표를 달성할 확률이 높아진다.

3. Language(언어)

소통은 언어다. 소통의 대부분은 언어를 통해 이루어진다. 그러나 언어는 장점만큼이나 단점도 많은데 대표적인 것이 의미의 모호성이다. 그러므로 공통의 언어를 이해해야 하며 언어 이외의 수단(몸짓·표정) 등으로 보완해 사용할 때 소통이 더욱 원활해진다.

① 언어의 특징

인간의 커뮤니케이션 수단의 대부분은 언어다. 인간이 다른 동물과 구별되는 가장 뚜렷한 차이는 인간의 언어가 비교할 수 없을 만큼 발달해 있다는 것이다. 그러나 언어는 그 단점 또한 뚜렷한데 묘사의 모호성(추상화 문제)과 본질의 오해가 그것이다. 간단한 예로 사기꾼에게 당한 사람들의 대부분은 사기꾼의 뛰어난 언변에 속아 넘어간다. 즉 사기꾼이라는 본질은 언어에 나타나지 않는다. 우리는 말만 앞서는 사람은 싫다고 하면서도 멋지게 말하는 사람한테는 끌리게 되어 있다.

② 소통을 위한 언어의 활용법

언어를 효과적으로 활용하기 위해서는 공통의 언어를 습득하는 것이 필요하다. 공통의 언어란 직업이나 조직에 따라 사용되는 그들만의 언어로 의사들의 언어·법률가의 언어·판매인의 언어 등 전통적으로 사용되어 온 단어나 문장을 의미한다. 이러한 공통의 언어는 대화를 원활하게 하는 소통의 촉매가 된다. 이외에 언어의 모호성을 보완하기 위해 비언어적 수단을 함께 사용함으로써 언어의 장점을 더욱 강화할 수 있다.

4. Listening(경청)

소통은 경청이다. 조금이라도 말을 더 하기 위해 혈안이 되는 것이 아니라 상대의 말을 성의 있게 들어줄 때 상대의 마음이 열리고 내가 하고자 하는 말이 더 효과적으로 전달된다.

① 경청의 중요성

경청은 상대의 말을 진심으로 들어주는 것이다. 사람의 귀가 두 개이고 입이 하나 인 것도 어떻게 보면 경청하라는 조물주의 요구다. 기업의 경우에는 고객의 목소리를 경청하는 것이 중요한 경영전략이다.

② 경청의 종류와 활용법

경청은 그냥 듣는 것이 아니라 상대방의 이야기를 이해하며 듣는 것이다. 경청의 종류는 크게 3가지로 나뉘는데 소극적 경청 Passive listening · 적극적 경청 Postive listening · 맥락적 경청 Contextual listening 이 그것이다. 이중에서 적극적 경청은 반영적 경청이라고도 불리는데, 상대의 말과 행동에 적극적으로 호응하며 들어주는 것으로 효과가 높으면서도 충분한 활용이 가능한 경청법이다.

③ 경청의 기대효과 등

경청은 나의 주장을 계속 말하는 것보다 더 높은 설득의 효과를 갖는다. 경청하면 상대는 존중 받고 있는 느낌과 좋은 감정이 생기고 더 깊은 이야기를 하고 싶어 하며 경청하는 사람을 신뢰하게 된다. 그래서 말하는 사람이 듣는 사람에게 설득당하는 결과가 종종 발생한다.

5. Action(행동)

소통은 행동이다. 소통을 위해서는 소극적인 태도보다는 적극적으로 상대에게 관심을 갖고 질문하고 아는 것을 직접 행동으로 옮겨야 한다. 또한 상황에 맞는 적절한 행동이 필요하며 조직 내에서는 소통을 정착시키기 위한 실질적인 행동, 즉 제도화가 뒤따라야 한다.

① 솔선수범

소극적인 태도와 수동적인 자세는 관계개선에 도움이 되지 않는다. 먼저 행동함으로써 소원했던 관계가 움직이기 시작하고 상대의 관심을 일으킨다.

② 상대(동료·상사·고객)에 대한 관심과 질문

상대에 대해 관심은 질문으로 이어지고 좋은 질문(상대의 기분을 좋게 하는 질문, 대화를 이어가고 심화시키는 질문, 창의적인 질문)을 통해 원활한 소통이 시작된다.

③ 상황별 적절한 행동

천편일률적인 행동보다는 상황에 맞는 융통성 있는 행동이 소통을 가능하게 한다. 만약 상대가 심각한 고민이나 어려움에 처해 있다면 나도 심각한 표정으로 행동하는 것이 필요하다. 우는 사람 앞에서 싱글벙글 웃는 것은 괜한 오해를 낳기 쉽기 때문이다.

④ 제도적 소통시스템 등

일터에서는 구성원들에게 말로만 소통하라고 할 것이 아니라 소통이 원활하게 일어날 수 있는 제도적 장치를 통해 소통이 자리 잡을 수 있도록 장기적인 노력을 기울여야 한다.

6. Skill(기술)

소통은 기술이다. 마음이 있더라도 제대로 표현하지 못하거나 서투른 방법을 사용할 경우 효과는 기대에 훨씬 못 미치게 되어 있다. 소통을 위한 다양한 기술을 제대로 활용할 때 관계가 개선되고 소통이 원활해진다.

① 비언어적 수단의 효과적 활용

사람의 감정은 언어뿐만이 아니라 표정 · 몸짓 · 어투에 묻어난다. 그러므로 원활한 소통을 위해서는 비언어적 수단의 효과적인 활용이 필요하다. 나의 감정 상태에 따라 매번 표정과 행동을 달리하거나 모두 즐거운 상황에서 혼자 근엄한 표정을 짓는 것은 상대를 불안하고 불쾌하게 만들어 소통에 장애를 초래한다.

② 선의의 거짓말(White lie)

거짓말이 모두 나쁜 것은 아니다. 상대에 대한 배려와 기분을 살려주기 위해 하는 선의의 거짓말은 오히려 상대의 마음을 열게 하고 소통의 촉매가 된다.

③ 음성과 말투

음성과 말투는 신뢰감 형성에 매우 중요한 역할을 한다. 일례로 과거 40년 동안 할리우드 영화의 예고편을 거의 독식한 사람은 돈 라폰테인Don lafontain이었으며 편안하고 신뢰감 있는 목소리로 오랫동안 사랑받았다.

④ 동의 · 거절 · 설득의 기술 등

발전적인 관계를 위해서는 상대의 기분을 배려한 기술적인 동의 · 거절 · 설득의 기술이 필요하다. 예를 들어 상대의 제안을 거절할 때는 상대가 공들인 시간과 노력을 배려해 거절의 이유를 명확히 밝히고 너무 오래 끌어 상대의 기회와 비용을 낭비하게 해서는 안 된다.

7. Trust(신뢰)

소통은 신뢰다. 상대방에 대한 신뢰가 없이는 소통할 수 없다. 내가 상대를 못 믿거나 고객이 기업을 신뢰하지 못할 때 소통은 더욱 멀어진다. 더 주기 위한 노력·솔직함 그리고 약속이행 등은 신뢰를 형성하는 데 큰 도움이 된다.

① 더 주고 덜 받는 게임

상대방에 대한 자신의 호의와 배려를 일일이 계산하면 표면적인 교류만 일어날 뿐 진심이 통하는 내면적 소통은 일어나지 않는다. 받을 때의 기쁨보다 줄 때의 기쁨을 즐기면 원활한 소통이 찾아온다.

② 솔직함의 힘

대인관계에서 솔직함은 상대의 마음을 열게 한다. 솔직함은 순박함과 구별되며 진실 되게 나를 먼저 보여주는 행동을 말한다. 기업의 경우 고객과의 관계에서 솔직함을 보이면 신용과 신뢰가 형성된다(윤리경영·정도경영).

③ 약속이행과 신뢰 등

좋은 관계의 기본은 신뢰이며 신뢰는 약속이행을 통해 찾아온다. 약속한 것은 반드시 지켜야 하며 약속하지 않은 것(도덕적 가치 · 성의 · 기업의 사회적 책임)을 지켜줄 때는 더 큰 신뢰가 찾아온다.

지금까지 더 깊은 소통의 이해를 돕기 위한 '쿨라스트 C. U. L. L. A. S. T.' 이론을 소개했다. 많은 독자 여러분들이 여기 나온 7가지 핵심요소를 바탕으로 능통의 힘을 십분 발휘해 원활한 소통에 이르기를 다시 한 번 진심으로 바란다. 이 책을 통해 나는 여러분들과 소통하고 나아가 능통했음을 깊이 확신하며 함께한 시간과 기쁨을 소중히 간직하고자 한다.

능통의 힘

지은이 | 심윤섭
펴낸곳 | 북포스
펴낸이 | 방현철
기　획 | 서정 Contents Agency

1판 1쇄 찍은날 | 2009년 9월 21일
1판 1쇄 펴낸날 | 2009년 9월 25일

출판등록 | 2004년 2월 3일 제313-00026호.
주소 | 서울시 마포구 합정동 414-18 402호
전화 | 02-337-9888
팩스 | 02-337-6665
전자우편 | bhcbang@hanmail.net

ISBN 978-89-91120-33-4　03320

값 12,000원

• 잘못된 책은 바꾸어드립니다.